ZAPLÉTÁNÍ VLASŮ

 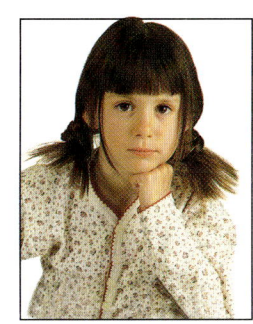 

Fiona Wattová a Lisa Milesová

Obsah

Jednoduché copánky	2	Rolované papírové korálky	36
Copánky hippie	4	Hliněná prasátka a jablíčka	38
Spletené uzly	6	Mramorové korálky	40
Šňůrky a stužky	8	Korálky z rostlin	41
Účesy pro prínčezny	10	Náramky pro kamarády	42
Křížené copánky	12	Přívěsky z kovových	
Šest copánků	14	srdíček	44
Provlékaný culík	16	Velké korálky	46
Kratší vlasy	18	Papírové vějíře	48
Mini copánky	20	Plstěné korálky	50
Francouzské copy	22	Náramky z džungle	52
Copánky na temeni	24	Lístky a rybičky	54
Cop z pěti pramenů	26	Šperky s drátem	56
Silný cop	28	Barevné náramky	58
Rybí copánky	30	Skleněné korálky	60
Doplňky	32	Hedvábné náramky	62
Jak začít	34	Náušnice a brože	64

Jednoduché copánky

Naučit se dobře zaplétat copy vyžaduje trochu praxe. Nejjednodušší cop se skládá ze tří pramenů. Můžete nosit jeden nebo dva. **Budete potřebovat:** kartáč, hřeben, gumičky.

Zapletené vlasy můžete ozdobit všemi druhy doplňků.

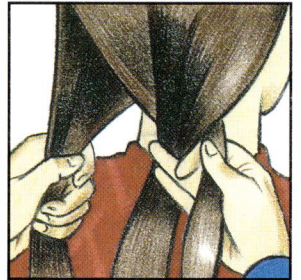 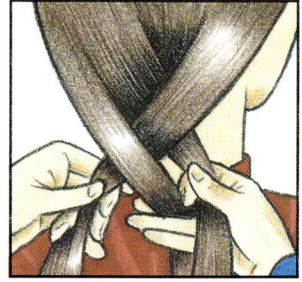

1. Hřebenem rozdělte vlasy na tři stejné prameny. Uchopte pravý a prostřední pramen.

2. Překřižte ruce tak, že pravý pramen položíte přes prostřední a prameny si vymění místa.

3. Nový pravý pramen podržte mezi palcem a ukazováčkem a prostřední pramen ostatními prsty.

4. Levý pramen překřižte přes prostřední a uchopte ho prsty pravé ruky. Prostřední pramen přidržte levou rukou.

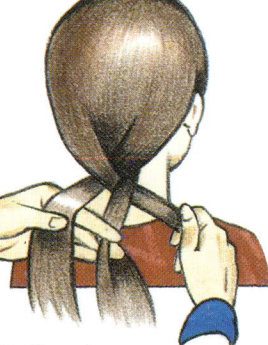 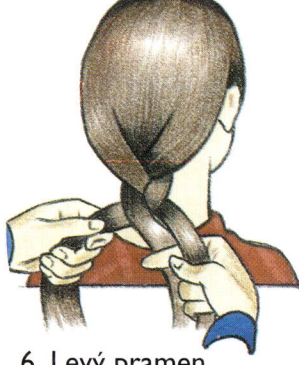

5. Pravý pramen znovu dejte přes prostřední pramen. Uchopte ho levou rukou.

6. Levý pramen přeložte přes prostřední a přidržte ho prsty pravé ruky.

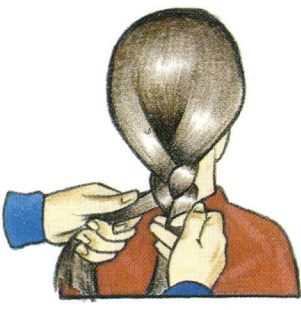   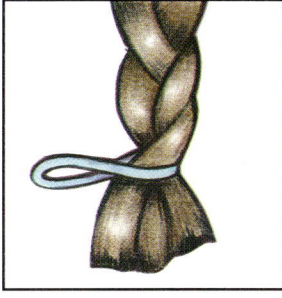

7. Pokračujte v zaplétání vlasů a dávejte nejdříve pravý a pak levý pramen přes pramen prostřední.

8. Na konci pramenů může být obtížné držet vlasy v prstech. Uchopte je pevně.

9. Na konci copu držte konečky vlasů pevně mezi ukazováčkem a palcem.

10. Na konec copu navlékněte gumičku. Přetočte ji, aby na jedné straně vytvořila malou smyčku.

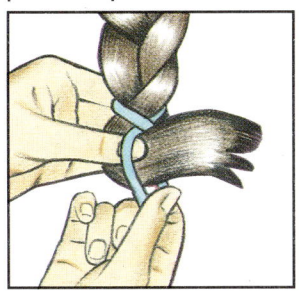 

11. Smyčkou prostrčte prsty, protáhněte jí vlasy a uchopte ji druhou rukou.

12. Je-li gumička stále volná, znovu ji otočte a provlékněte jí vlasy. Toto možná bude potřeba několikrát zopakovat.

Gumičku na konci copu můžete zakrýt mašlí nebo ozdobnou gumičkou.

Dva copánky

1. Pomocí hřebenu utvořte vzadu uprostřed hlavy pěšinku. Jednu polovinu zatím dejte stranou.

2. Druhou polovinu rozdělte na tři části. Vlasy zapleťte a sepněte gumičkou. Opakujte na druhé straně.

Copánky hippie

Opravdu veselé, atraktivní copánky můžete vytvořit, omotáte-li kolem slabých pramínků vlasů bavlnku v různých vzorech. **Budete potřebovat:** nůžky, bavlnky na vyšívání v kontrastních odstínech.

Jeden copánek

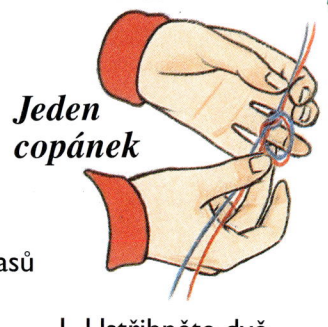

1. Ustřihněte dvě bavlnky asi dvakrát delší, než máte vlasy. Kousek od jednoho konce je svažte uzlíkem.

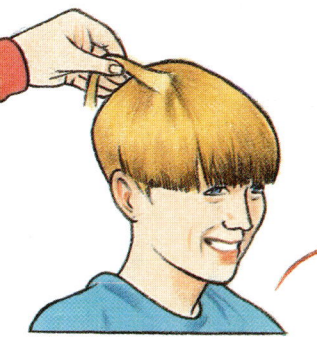

2. Pomocí hřebenu oddělte vpředu na hlavě slabý pramínek vlasů. Pramínek pevně držte jednou rukou.

3. Konec nitek s uzlíkem vložte pod pramínek blízko kořínků. Nit bezpečně uvažte kolem vlasů.

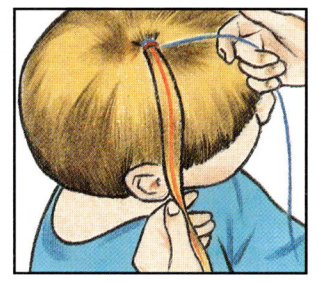

4. Jednu nit položte podél vlasů a druhou začněte pečlivě omotávat kolem pramínku a niti.

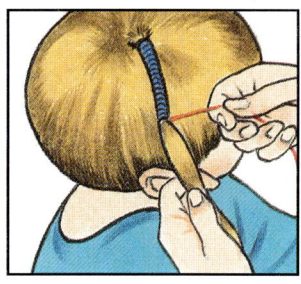

5. Po ovázání asi 5 cm vyměňte nitky tak, abyste nyní namotávali tu, která ležela podél vlasů.

Tento copánek si můžete zaplést ve vlasech, i když je máte docela krátké. Další copánky z krátkých vlasů najdete na straně 18 a 19.

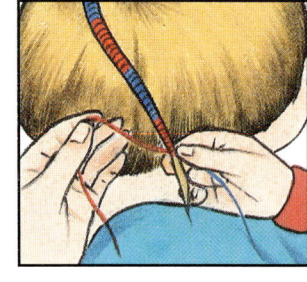

6. Takto střídejte nitky až do konce. Na konci svažte nitky malým těsným uzlíkem.

Spojené copánky

1. Postupujte jako u jednoho copánku (viz vlevo), ale vpředu na hlavě zapleťte copánky po obou stranách.

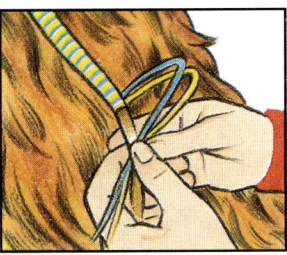

2. Abyste vytvořili pruhy, přidržujte při omotávání obě nitě u sebe. Dejte pozor, aby nitky ležely na copánku vedle sebe.

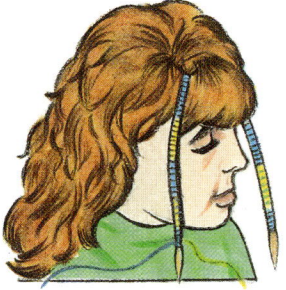

3. Opatrně odstřihněte konce nitě z jednoho copánku, ale u druhého copánku je nechte delší.

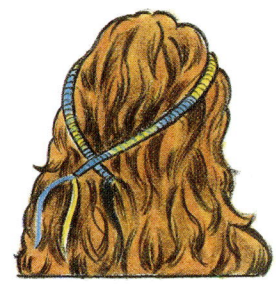

4. Prokartáčujte rozpuštěné vlasy, pak položte copánky kolem hlavy a vzadu je dejte k sobě.

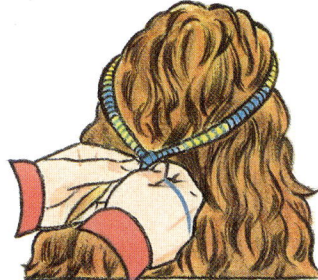

5. Copánky spojte a delší nit omotejte kolem konců obou copánků. Na konci nitě udělejte těsný, úhledný uzlík.

Máte-li vlasy dlouhé, nemusíte konce copánků upevňovat nití, ale svázat je uzlíkem.

Rada

Tyto copánky si můžete nechat na hlavě, jak dlouho chcete, protože si je lze mýt spolu s vlasy. Chcete-li je rozplést, opatrně rozstřihněte uzlík a copánky rozmotejte.

Spletené uzly

Jestliže začnete jednoduchými a známými culíky nebo copánky, můžete pomocí techniky splétání vytvořit různé účesy.
Budete potřebovat: na jeden uzel - dvě gumičky, vlásenky; na dva uzly - dvě gumičky.

Jeden uzel

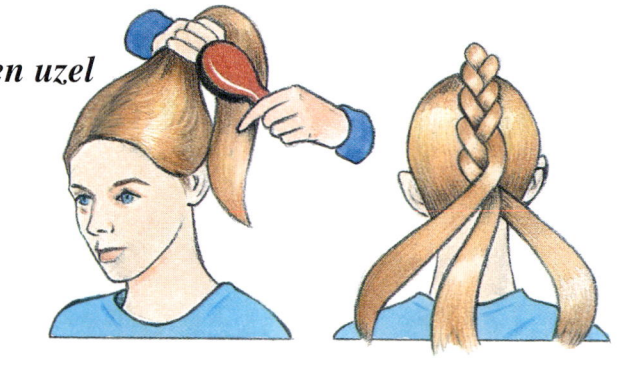

1. Vykartáčujte si vlasy a nahoře na hlavě je vyčesejte do culíku. Svažte je gumičkou.

2. Vlasy rozdělte na tři stejné části a po celé jejich délce je spleťte do copu.

3. Konec copu sepněte gumičkou. Vlasy můžete takto nosit v zapleteném culíku.

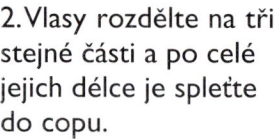

4. Uzel vytvoříte, stočíte-li celý cop kolem gumičky.

5. Konec copu zasuňte pod stočený cop. Volné konce vtlačte doprostřed uzlu.

Snažte se splétat cop co nejvíce stejnoměrně a úhledně, protože tak bude uzel vypadat upraveně.

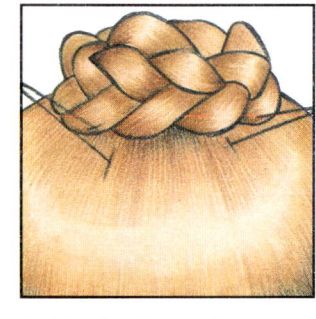

6. Uzel připevněte k dolní části copu několika vlásenkami (viz rada v rámečku).

Dva uzly

1. Uprostřed hlavy utvořte pěšinku. Jednu polovinu zatím dejte stranou a druhou rozdělte na tři prameny.

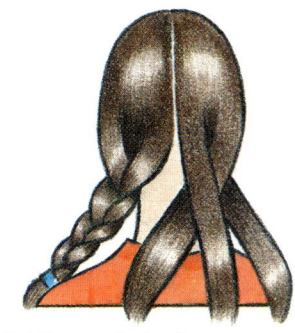

2. Vlasy až do konce zapleťte do volného copu a sepněte gumičkou. Totéž opakujte na druhé straně.

Rada

Když připevňujete vlasy vlásenkami, připněte každou vlásenku přímo do copu a přichyťte jí kousek vlasů. Pak ji v úhlu zasuňte do středu uzlu.

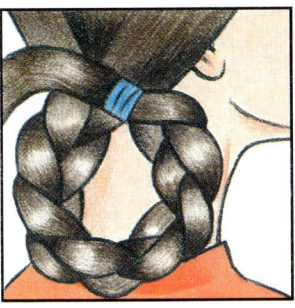

3. Jeden konec copu přidržte, zdvihněte ho k uchu a utvořte smyčku. Konec překřižte přes cop.

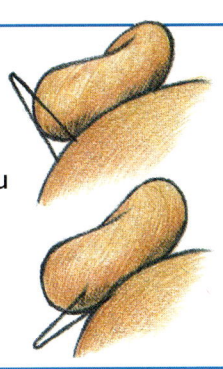

Abyste mohli nosit tento účes, musíte si vlasy zaplést do volného copu a začít v úrovni uší.

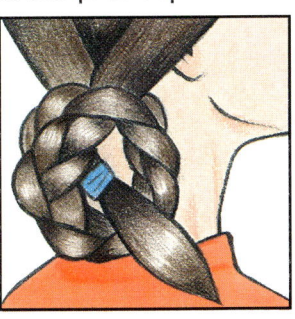

4. Konec protáhněte smyčkou a uvažte volný uzel. Totéž proveďte na druhém copu.

Šňůrky a stužky

Je snadné zaplést do vlasů šňůrky nebo stužky, kterých si můžete koupit mnoho různých druhů. **Budete potřebovat:** na cop se šňůrkou - dvě gumičky, šňůrku dvakrát delší než vlasy; na cop se stužkou - gumičku, tři stužky o 15 cm delší než vlasy, sponku do vlasů.

Cop se šňůrkou

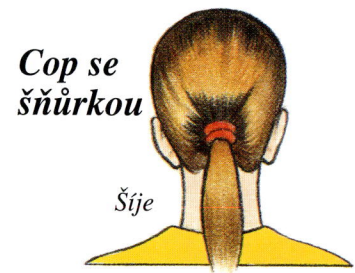

Šíje

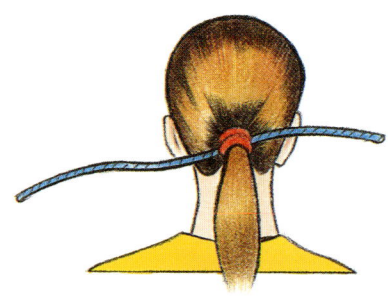

1. Vlasy si vykartáčujte. Vzadu na krku je stáhněte do hladkého culíku a sepněte gumičkou.

2. Gumičkou pod culíkem protáhněte šňůrku. Upravte ji tak, aby byla po obou stranách stejně dlouhá.

Použijte slabou barevnou šňůrku, která vám bude kontrastovat s vlasy.

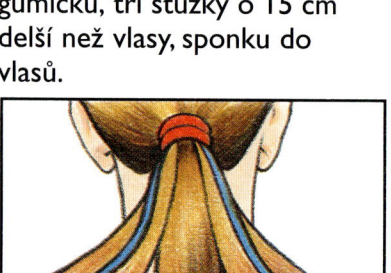

3. Culík rozdělte na tři stejné části. Šňůrku urovnejte tak, aby ležela podél obou vnějších pramenů vlasů.

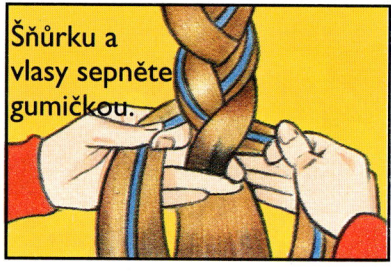

Šňůrku a vlasy sepněte gumičkou.

4. Culík zapleťte a šňůrky držte pevně u pramínků vlasů. Šňůrku se snažte udržovat nahoře. Konce svažte gumičkou.

Při upevňování copu schovejte konce šňůrky pod gumičku.

Rada

Zastřihnete-li na začátku konce stužky našikmo, nebudou se třepit.

Cop se stužkou

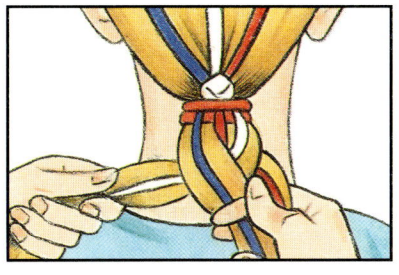

Kratší konce sepněte, aby vám nepřekážely.

1. Postupujte jako v kroku 1 u copu se šňůrkou. Stužky položte na sebe a 10 cm od konce je svažte uzlíkem.

2. Stužky protáhněte pod smyčkou v gumičce tak, aby byl uzlík nahoře. Vlasy rozdělte podle stužek na tři prameny.

3. Při zaplétání držte každou stužku těsně u jejího pramenu. Snažte se stužku nepřetočit.

Stužky používejte užší, protože se snadněji zaplétají.

4. Na konci vlasy a stužky sepněte gumičkou. Dva z volných konců stužky uvažte kolem gumičky.

5. Kratší konce odepněte. Dvě stužky překřižte pod copem a úhledně je uvažte kolem gumičky.

Můžete si vybrat stužky, které se vám hodí k šatům.

Účesy pro princezny

Budete potřebovat: na francouzský cop - čtyři látkové gumičky; na dva copy - dvě gumičky.

Francouzský cop

Tento účes můžete pozměnit, pokud vlasy od modré gumičky ke konečkům zapletete.

1. Na temeni hlavy oddělte pramen vlasů. Vykartáčujte ho dohladka a přidržte jednou rukou.

2. Tento pramen vlasů sepněte gumičkou. Pokud chcete, můžete nosit vlasy upravené pouze takto.

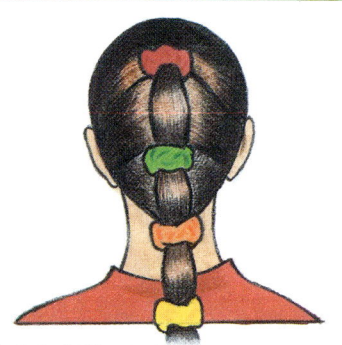

3. Tento pramen položte na rozpuštěné vlasy. Za každým uchem oddělte další pramen a vzadu je svažte gumičkou.

4. Všechny vlasy stáhněte do culíku a sepněte další gumičkou na krku.

5. V dolní části vlasy svažte čtvrtou gumičkou. Podle potřeby gumičky upravte, aby byly rovnoměrně rozmístěny.

Dva copy

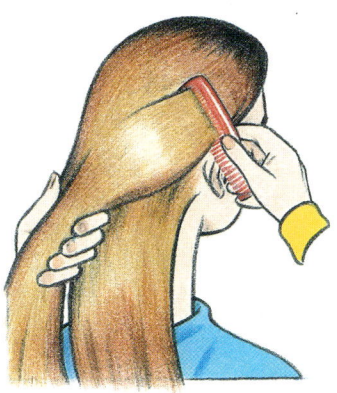

1. Pomocí hřebenu nebo prstů oddělte vpředu na hlavě po obou stranách pramen.

2. Tento pramen vlasů rozdělte na tři stejné části, zapleťte je a svažte gumičkou.

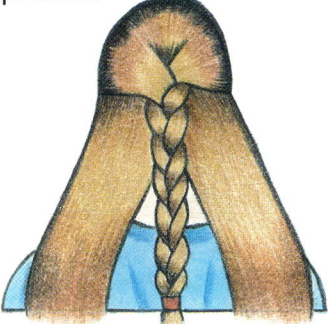

3. Cop nechte volně viset. Po obou stranách copu rozdělte rozpuštěné vlasy na dvě části.

Můžete také nosit jednoduchý cop na rozpuštěných vlasech jako na konci kroku 3.

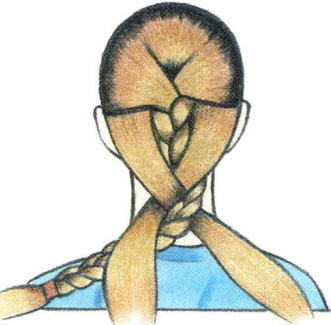

4. Cop použijte jako jeden pramen, vlasy zapleťte do copu a sepněte je gumičkou.

Křížené copánky

Tyto dva účesy jsou velmi pěkné. Stačí jen splést prameny vlasů a na temeni hlavy je překřížit.
Budete potřebovat: na tiáru - malou gumičku, ozdobnou sponku; na křížené copánky - tři gumičky.
Na upevňování těchto copánků se hodí ozdobné sponky (viz rada), protože vám z vlasů nesklouznou tak snadno.

Tiára

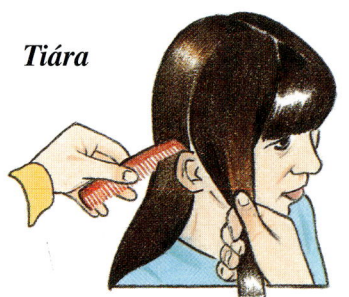

1. Učešte si vlasy a utvořte uprostřed pěšinku. Vezměte přední část vlasů a podržte ji nad uchem.

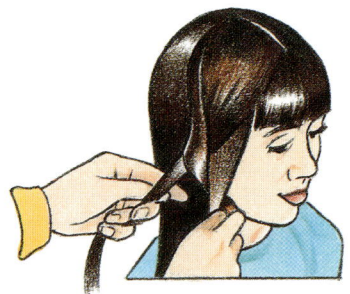

2. Tento pramen rozdělte na tři stejné části. Konce neustále stahujte dolů a upleťte copánek.

Vlasy nechte splývat přes uši, aby zakryly sponku.

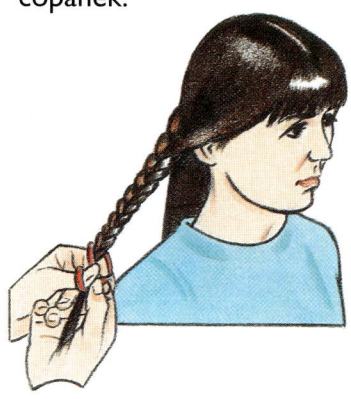

3. Při zaplétání držte hlavu vzpříma, jinak nebude copánek rovný. Konec svažte gumičkou.

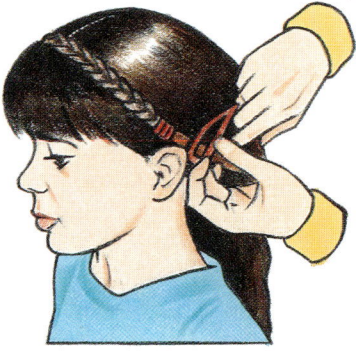

4. Copánek položte přes temeno hlavy tak, aby jeho konec ležel nad druhým uchem. Připněte ho sponkou.

Křížené copánky

1. Na každé straně hlavy zapleťte jeden pramen jako u tiáry (viz vlevo). Konce svažte malými gumičkami.

2. Jeden copánek překřižte přes temeno hlavy. Položte ho za ucho a na místě ho podržte jednou rukou.

3. Druhý copánek překřižte přes temeno za ucho na druhé straně. Copánky na temeni hlavy úhledně překřižte.

4. Rozpuštěné vlasy si stáhněte přes rameno. Konce copánků na krku spojte a sepněte je gumičkou.

Po upevnění copánků si vlasy pečlivě prokartáčujte a nechte je rozpuštěné.

Rada

Děláte-li si zkřížené copánky a nemáte dost dlouhé vlasy, abyste si je sepnuli za hlavou, připevněte si copánky za ušima podobnými ozdobnými sponkami.

Šest copánků

Zapletení tohoto náročného účesu zabere poměrně dlouhou dobu, ale výsledek je velmi zajímavý. Nenechávejte si tyto těsné copánky na hlavě přes noc, protože to vlasům příliš neprospěje a bude to velmi nepohodlné.
Budete potřebovat: jednu velkou a šest malých gumiček, několik vlásenek.

Podobné copánky je vhodné nosit za horkého počasí, protože všechny vlasy máte stažené z hlavy.

Na konce těchto copánků použijte opravdu slabé stužky. Stužky svažte dvěma uzlíky a na koncích je opatrně zastřihněte.

Rada

Zapletete-li si dlouhé vlasy před spaním do několika volných copánků, nezacuchají se vám. Druhý den se na nich navíc vytvoří krásné vlnky.

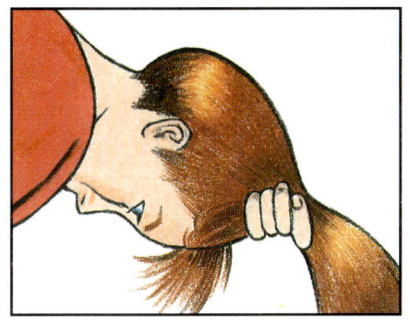

1. Předkloňte se, stáhněte si vlasy k sobě a na temeni hlavy vytvořte vysoký culík.

2. Vezměte vlasy do rukou, co nejvíce je prokartáčujte a sepněte je gumičkou.

3. Culík rozdělte na šest stejných částí. Vezměte si jednu část a další dejte stranou.

4. Tuto první část rozdělte na tři stejné pramínky. Spleťte je do copu a stáhněte gumičkou.

Copánek sepněte gumičkou.

5. Vezměte další, přibližně stejný pramen rozpuštěných vlasů, rozdělte ho na tři části a zapleťte je.

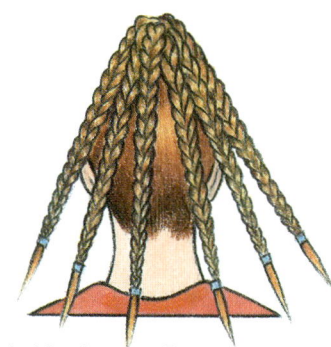

6. Kroky 4 a 5 opakujte, dokud si vlasy nezapletete do šesti copánků. Každý z nich sepněte gumičkou.

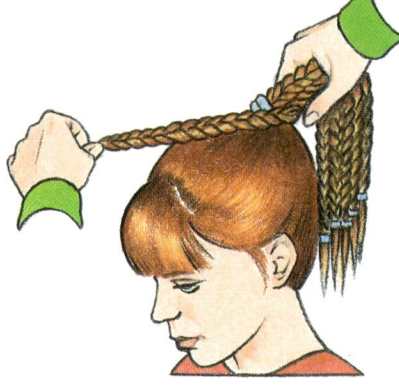

7. Pět copánků si podržte nad hlavou. Zbylý copánek si začněte omotávat kolem gumičky původního culíku.

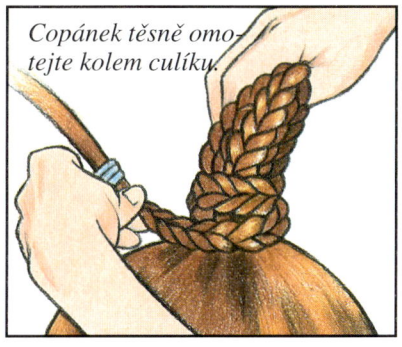

Copánek těsně omotejte kolem culíku.

8. Dále omotávejte copánek kolem spleteného culíku, dokud se nedostanete na konec.

Na str. 7 se dozvíte, jak používat vlásenky.

9. Omotaný copánek připevníte tak, že slabé pramínky vlasů zachytíte vlásenkami a zastrčíte je do středu copánků.

Provlékaný culík

Provlečený culík může změnit obyčejný culík ve velmi stylový účes. Lze ho vytvořit pomocí vlasové jehly nebo pomocí prstů.
Budete potřebovat:
na oba účesy - gumičky.

Před zapletením copu zakryjte gumičku látkovou gumičkou.

Cop provlékaný vlasovou jehlou

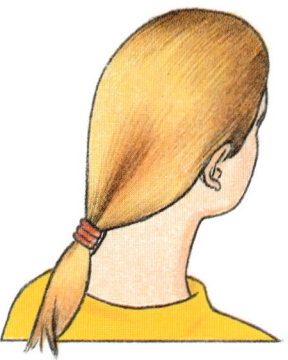

1. Vykartáčujte si vlasy, vyhlaďte je do nízkého culíku a svažte ho gumičkou.

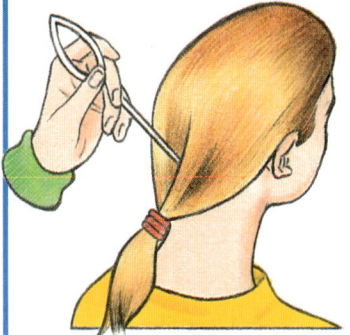

2. Špičku jehly opatrně zasuňte do středu culíku, kousek nad gumičku.

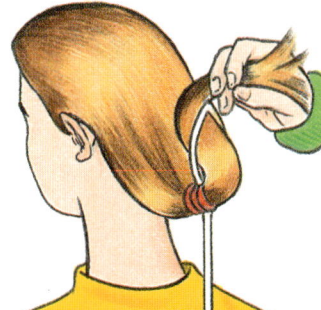

3. Zdvihněte culík a provlékněte ho uchem jehly. Stále držte konec culíku.

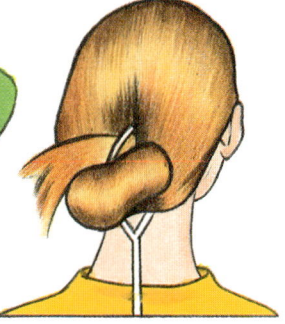

4. Jehlu protáhněte jemně dolů. Culík projde vlasy a objeví se dole.

5. Culík můžete nechat rozpuštěný (viz vpravo) nebo ho můžete rozdělit na tři části a zaplést je do copu.

Culík provlékaný pomocí rukou

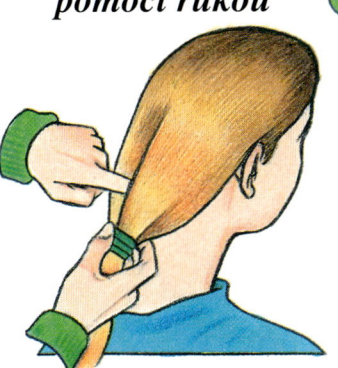 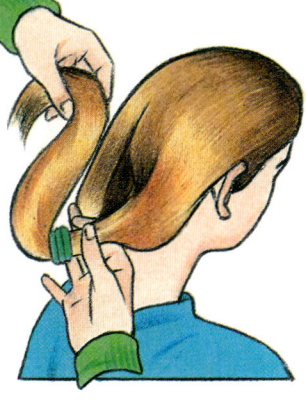 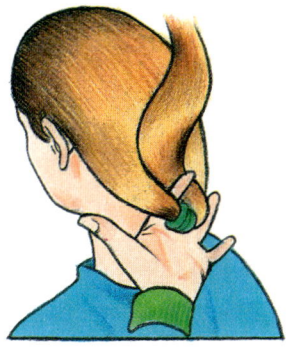 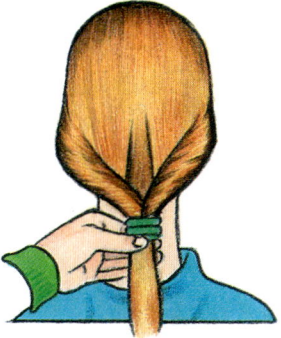

1. Udělejte si nízký culík a svažte ho. Culík podržte a nad gumičkou udělejte ve vlasech otvor.

2. Dva prsty jedné ruky zasuňte zdola do otvoru a druhou rukou přeložte culík nahoru.

3. Pomocí prstů culík opatrně zatlačte do otvoru. Pozor, ať se žádný pramen neoddělí.

4. Culík protáhněte otvorem. Gumičku pak lehce povytáhněte nahoru a culík upravte tak, aby byla gumička zakrytá.

Dvojitý provlékaný culík

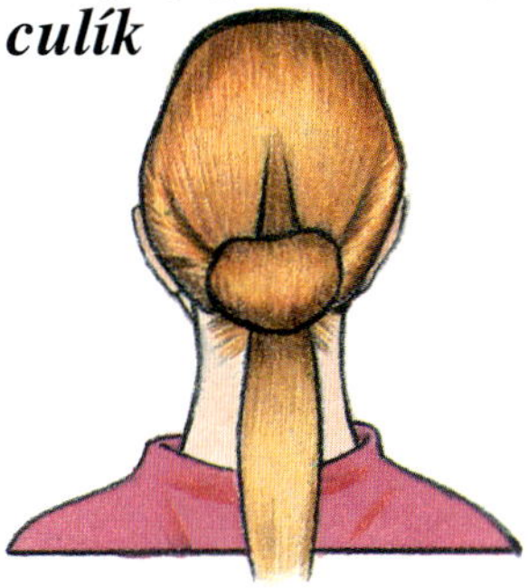

Dvojitý provlékaný culík vytvoříte na dlouhých vlasech, zopakujete-li kroky 1 až 4. Tak dosáhnete většího efektu.

Po provlečení culík opravdu dobře vykartáčujte.

Rada

Používáte-li jehlu, pohybujte jí při zasouvání do vlasů ze strany na stranu (krok 2). Tak se vytvoří prostor, kterým projde culík.

Kratší vlasy

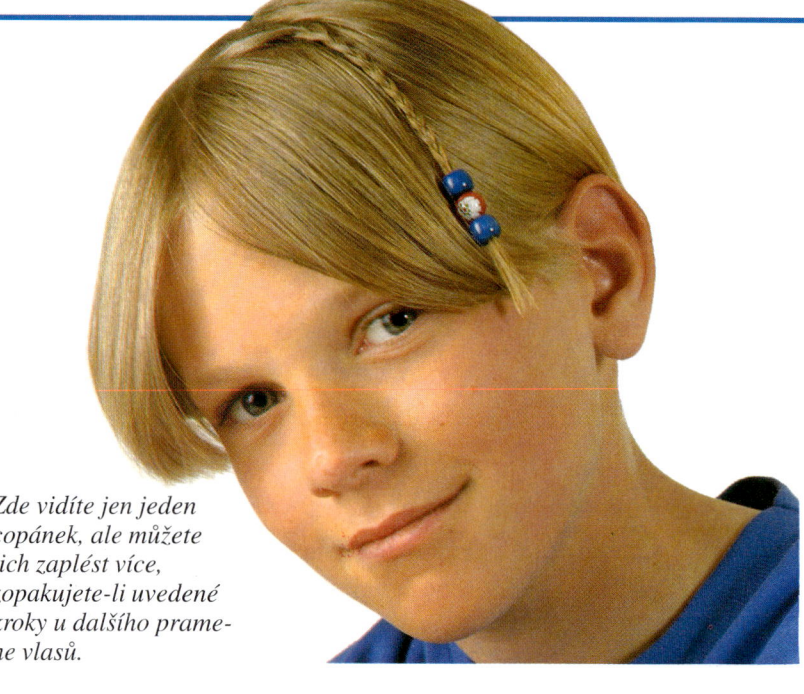

Abyste si mohli zaplést vlasy do copánků, nemusíte je mít dlouhé. Existuje mnoho účesů, jako ty na obrázcích, které můžete vytvořit z krátkých vlasů.
Budete potřebovat:
na copánek s korálky - korálky s velkými otvory (nejlepší jsou umělohmotné, protože jsou nejlehčí), bavlnku na vyšívání; na postranní copánek - dvě malé gumičky; na krátký francouzský cop - malou gumičku.

Zde vidíte jen jeden copánek, ale můžete jich zaplést více, zopakujete-li uvedené kroky u dalšího pramene vlasů.

Copánky s korálky

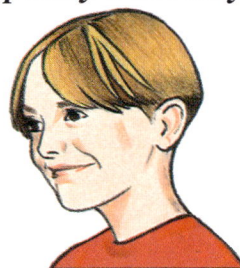   

1. Uprostřed hlavy vytvořte pěšinku. U pěšinky oddělte centimetrový pramen a rozdělte ho na tři části.

2. Prameny zapleťte do vzdálenosti 5 cm od konce. Konce navlhčete a vyhlaďte.

3. Na copánek navlékněte korálek. Uchopte konec a korálek zatlačte nahoru. Přidejte jeden nebo dva další korálky.

4. Kolem konce několikrát omotejte nit dlouhou 5 cm. Konce nitě svažte uzlíkem.

Zadní částí gumiček provlékněte stužky. Svažte je uzlíkem a konce zastřihněte.

Postranní copánek

1. Na temeni hlavy oddělte pramen vlasů. U kořínků ho svažte malou gumičkou.

2. Vlasy zapleťte do vzdálenosti 5 cm od konce. Copánek sepněte gumičkou.

Krátký francouzský cop

  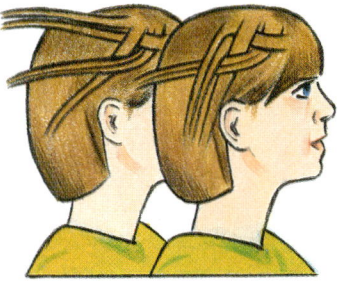

1. Uprostřed hlavy utvořte pěšinku. Mezi uchem a čelem oddělte pramen, rozdělte ho na tři části a pouze jednou je spleťte.

2. Vezměte slabý pramen z rozpuštěných dolních vlasů a přidejte ho k pravému prameni. Tento pramen překřižte přes pramen uprostřed.

3. Nyní vezměte slabý pramen z rozpuštěných vlasů vedle levého pramene a spojte je. Nový pramen přeložte přes prostřední pramen.

4. Ještě jednou zopakujte kroky 2 a 3. Snažte se udržovat cop co nejtěsnější a nejúhlednější, aniž byste za vlasy příliš tahaly.

5. Nyní zapleťte tři prameny běžným způsobem. Cop svažte gumičkou a zakryjte ji stužkou nebo ozdobnou gumičkou.

Mini copánky

Ačkoli je tento účes poměrně náročný na čas, výsledek stojí za námahu. Copánky si můžete nechat na hlavě několik dnů a po rozpletení se vám budou vlasy nádherně vlnit. **Budete potřebovat:** 16 malých gumiček, sponky do vlasů.

Velmi slabé stužky na konci těchto copánků jsou provlečeny gumičkou a na konci svázány dvěma mašličkami.

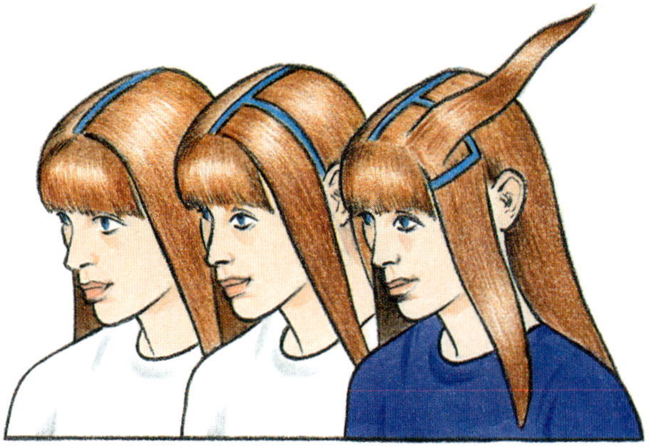

1. Uprostřed hlavy utvořte pěšinku a další dolů k uchu. Třetí pěšinku veďte od středu čela dozadu.

2. Pramen, který se utvořil uprostřed, rozdělte na dvě části a obě splete do copánku až do konce a pevně je svažte gumičkou.

3. Oba hotové copánky si přeložte přes hlavu. Pramen pod těmito copánky si učešte a celý zapleťte a svažte.

4. Nyní postupte k pěšince vedené nad uchem směrem dozadu, vlasy rozdělte na dvě části, každou zapleťte a pevně svažte.

Všechny horní copánky si přeložte přes hlavu.

Toto je stejný účes, ale konce jsou ozdobeny korálky. Budete muset použít korálky s velkými otvory (viz strana 18).

5. Další pěšinku udělejte v rovině s uchem směrem k zadní pěšince. Tento pramen rozdělte na dvě části a každou zapleťte do copu.

6. Poslední dva copánky připněte sponkami k temeni hlavy. Zbylý pramen, který vám zůstal mezi uchem a zadní pěšinkou, zapleťte.

7. Z připevněných copánků sundejte sponky a nechte je volně viset. Stejným způsobem zapleťte všechny vlasy na druhé straně hlavy.

Rada

Po zapletení můžete nosit copánky v různých účesech. Vysoké culíky vytvoříte, rozdělíte-li copánky na dvě části a svážete silnými gumičkami.

Francouzské copy

Francouzský cop lze zaplést dvěma způsoby. Při prvním způsobu leží cop hladce vzadu na hlavě, při druhé technice cop na hlavě vyčnívá. Než vytvoříte opravdu rovnoměrný cop, budete muset trochu trénovat, ale po zvládnutí je pletení rychlé a snadné.
Budete potřebovat: na oba účesy - gumičku.

 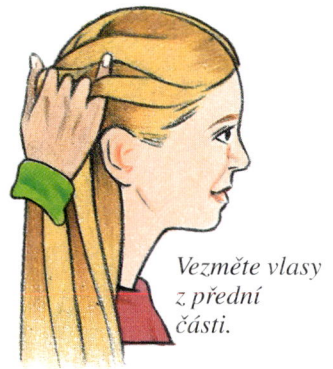

Vezměte vlasy z přední části.

1. Z přední části hlavy oddělte pramen a stáhněte ho dozadu. Rozdělte ho na tři části a jednou zapleťte.

2. Jedním prstem vezměte slabý pramen z rozpuštěných vlasů vedle pravého pramene.

Při pletení se snažte zachovávat prameny hladké a stejnoměrné.

 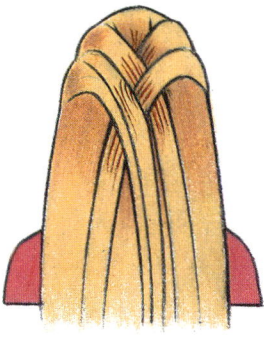

3. Pramen spojte s pravým pramenem. Tento nový pramen překřižte normálním způsobem přes prostřední pramen.

4. Vezměte slabý pramen z vlasů vlevo, spojte ho s levým pramenem a zapleťte ho přes prostřední pramen.

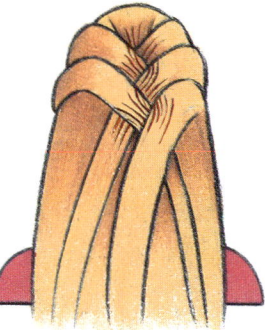 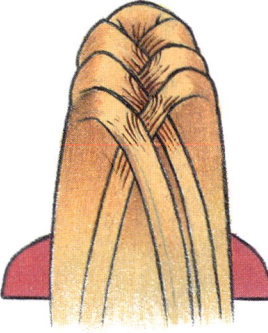

5. Vezměte další slabý pramen z rozpuštěných vlasů napravo, přidejte ho k pravému prameni a spleťte ho.

6. Oddělte pramen z rozpuštěných vlasů vlevo, spojte ho s levým pramenem a zapleťte přes prostřední pramen.

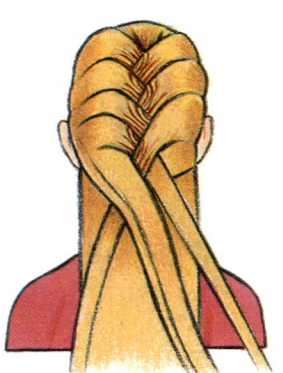

7. Tímto způsobem dále pleťte těsný cop a přidávejte k němu prameny vlasů z obou stran.

Cop po celé délce hlavy vyčnívá ven.

Gumičku zakryjte ozdobou.

8. Na šíji rozdělte zbylé vlasy na dvě části a přidejte je k pravému a levému prameni.

Technika „z vnitřku ven"

9. Tyto tři prameny zapleťte běžným způsobem až do konce a cop svažte gumičkou.

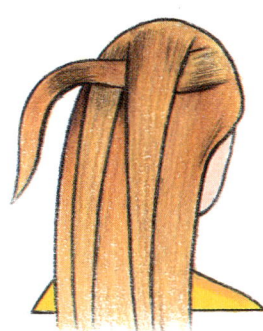

1. Postupujte jako v kroku 1 u francouzského copu, ale pravý a levý pramen nepřekládejte přes prostřední pramen, ale pod něj.

2. Vplétejte prameny vlasů jako u francouzského copu, ale každý pramen podkládejte pod prostřední pramen.

Dále podkládejte prameny pod prostřední pramen.

3. Na šíji rozdělte rozpuštěné vlasy a vpleťte je jako u francouzského copu. Cop zapleťte až do konce a sepněte ho.

Copánky na temeni

Přes temeno

Tyto copánky se zaplétají podobně jako francouzský cop (viz strana 22 - 23). Můžete si buď zaplést jeden copánek přes temeno hlavy, nebo vytvořit několik copánků od čela směrem dozadu.
Budete potřebovat: sponku, malé gumičky.

1. Vykartáčujte si vlasy z čela nebo od ofiny dozadu.

2. Vytvořte pěšinku od ucha k uchu tak, aby vznikl pramen asi 7 cm široký.

3. Tento pramen uchopte nad levým uchem. Rozdělte ho na tři části a jednou je zapleťte.

4. Vezměte slabý pramen z rozpuštěných vlasů pod pravým pramenem a připojte ho k pravému prameni.

5. Pravý pramen přeložte přes prostřední pramen. K levému prameni přidejte pramen zleva a zapleťte je.

6. Pokračujte se zaplétáním copu na temeni hlavy a postupně přidávejte další prameny.

7. Když se dostanete k druhému uchu, zapleťte rozpuštěné konce vlasů běžným způsobem a sepněte je gumičkou.

Rovné copánky na temeni

1. Uprostřed hlavy si utvořte pramen asi 7 cm dlouhý a 5 cm široký.

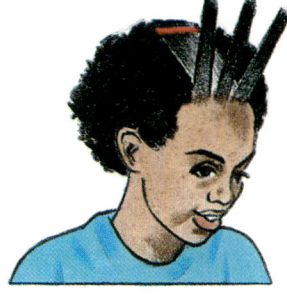

2. Pramen rozdělte na dvě části. Zadní část připněte k hlavě a přední část rozdělte na tři prameny.

3. Prameny držte pevně. Pravý pramen překřižte přes prostřední pramen a pak levý přes prostřední.

4. Odepněte zadní část. Vezměte dva slabé prameny ze zadní části a připojte je k vnějším pramenům.

Rozpuštěné vlasy jsou za copánky načechrané.

5. Vlasy jednou zapleťte, pak vezměte další dva prameny ze zadní části a znovu je zapleťte.

6. Takto vlasy dále spléteje, dokud se nedostanete na konec pramene. Copánek sepněte malou gumičkou.

Na hlavě si zapleťte libovolné množství copánků.

7. Vezměte další pramen rovnoběžný s prvním copánkem. Tuto část zapleťte podle kroků 2 až 6.

Cop z pěti pramenů

Tento účes se zdá být mnohem složitější, než ve skutečnosti je. Nezaplétají se zde tři prameny, ale pět pramenů. Zpočátku pro vás bude snazší, když vám při pletení prameny podrží dva kamarádi. Abyste tento účes úspěšně vytvořili, musíte mít poměrně dlouhé vlasy.
Budete potřebovat: gumičku.

Při pletení se snažte prameny rovnoměrně utahovat, aby každá zapletená část vypadala stejně.

Konec copu ozdobte stužkou nebo ozdobnou gumičkou, které zakryjí obyčejnou gumičku.

Horní prameny copu nechte volnější, aby úhledně visely.

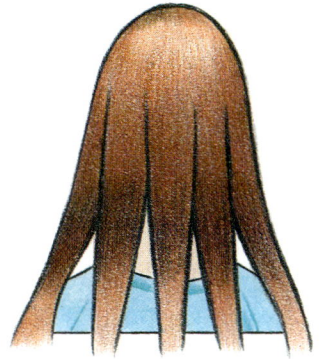

1. Vykartáčujte si vlasy dohladka. Rozdělte je na pět stejných pramenů a rozložte si je na zádech.

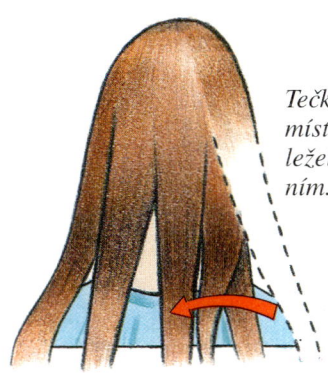

2. Vlasy začněte splétat volně. První pramen vpravo překřižte přes druhý pramen.

Tečky naznačují místo, kde pramen ležel před překřížením.

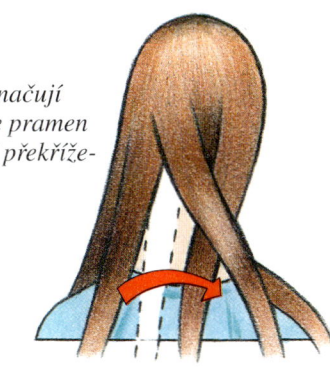

3. Třetí pramen překřižte přes druhý. Nesnažte se všechny prameny držet, nechte je volně ležet na zádech.

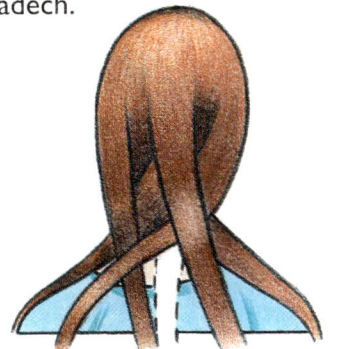

4. Pramen, který je nyní uprostřed, dejte přes čtvrtý pramen. Při pletení držte prameny volně.

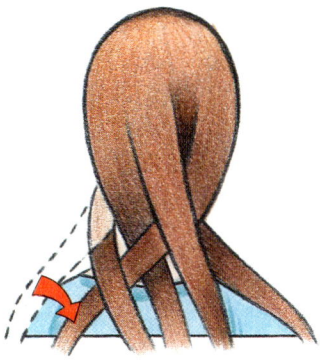

5. Dejte pátý pramen (vlevo) přes čtvrtý pramen. Tak se dokončí první řada vzoru.

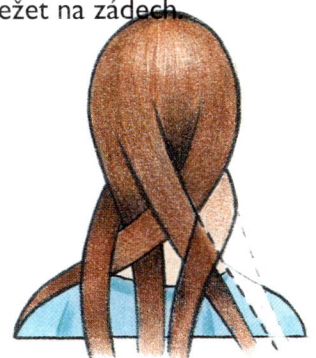

6. Znovu začněte s prvním pramenem a pokračujte ve vzoru podle kroků 2 až 5.

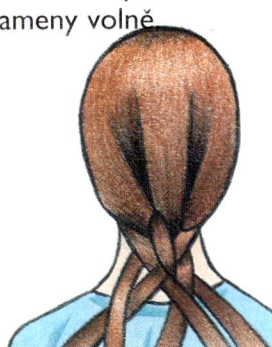

Jak se budou prameny zkracovat, budete je muset na koncích držet.

7. Takto by měly vypadat vaše vlasy po upletení druhé řady.

8. Dále pokračujte ve vzorku tolikrát, kolikrát můžete. Prameny se snažte stejnoměrně utahovat.

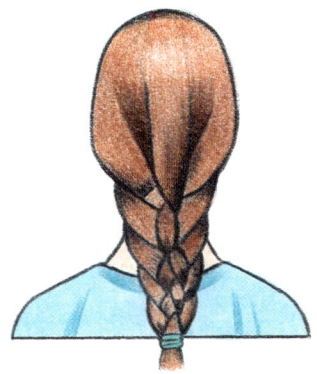

9. Na konci copu stáhněte všechny prameny k sobě a sepněte je gumičkou.

Silný cop

Tento cop vypadá velmi elegantně a značně se liší od normálního copu ze tří pramenů. Nejsnadněji se zaplete, podrží-li vám vlasy dva kamarádi. Jste-li levák, přizpůsobte si návod tak, že budete stáčet vlasy doprava a pokaždé překřížíte pravý pramen přes oba stočené.
Budete potřebovat: dvě gumičky.

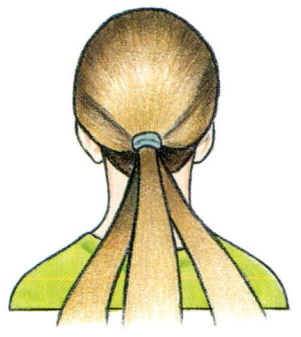

1. Vykartáčujte si vlasy dozadu do culíku a sepněte ho gumičkou. Culík rozdělte na tři stejné části.

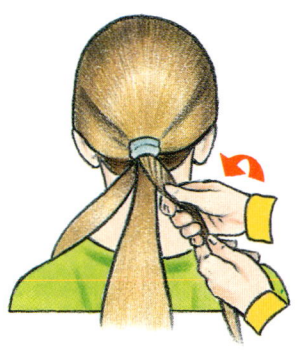

2. Vezměte pravý pramen a těsně ho stočte směrem doleva. Pokračujte, dokud pramen nestočíte po celé délce.

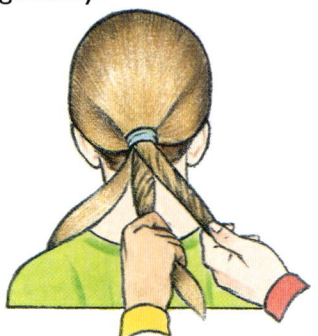

3. Poproste, aby vám někdo podržel pravý pramen stočený a natažený. Také prostřední pramen stočte doleva.

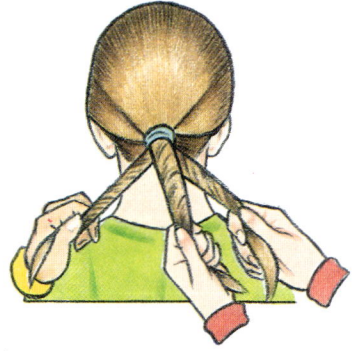

4. Nakonec stočte doleva i poslední pramen. Všechny prameny tedy budete mít zkroucené. Poproste svého pomocníka, aby vám podržel pravý a prostřední pramen.

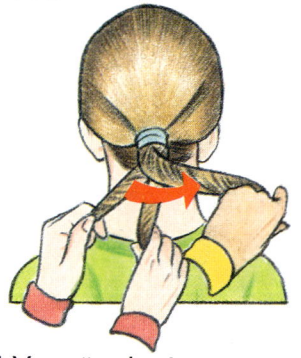

5. Vezměte levý pramen a překřižte ho přes ostatní dva prameny. Prameny držte pevně, jinak se začnou rozmotávat.

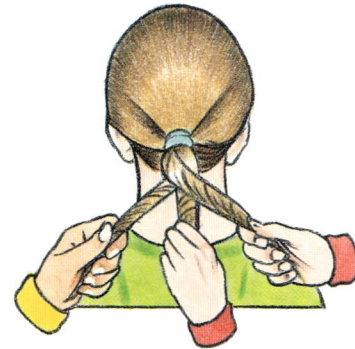

6. Opatrně si vyměňte ruce tak, aby vám pomocník držel prostřední pramen a pramen, který je nyní napravo jako v kroku 4.

7. Takto pokračujte až dolů, vždy dávejte levý pramen přes ostatní dva prameny a pokaždé si vyměňte ruce.

8. Na konci copu prameny spojte a pevně je přidržte. Sepněte je gumičkou.

Na konci copu zakryjte gumičku stužkou nebo ozdobnou gumičkou.

Uvazování úhledné mašle

Uvažte uzlík.

1. Stužku provlékněte pod copem smyčkou v gumičce.

Volný konec

2. Na stužce vytvořte smyčky a volné konce nechte delší

3. Smyčky překřižte tak, že levou dáte přes pravou.

4. Levou smyčku zasuňte mezi pravou smyčku a uzlík. Smyčky utáhněte.

Rybí copánky

Rybí copánky jsou zvláštním druhem copánků, protože se pletou ze dvou pramenů. Vypadají velmi složitě, ale nejsou tak obtížné, jak by se mohlo zdát. Přesto je není snadné vytvořit bez cizí pomoci.
Budete potřebovat: na jeden rybí cop - gumičku; na dva copy - dvě gumičky.

Rybí cop

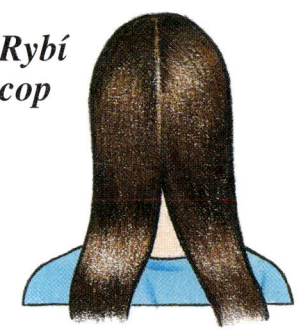

1. Vykartáčujte si vlasy. Vzadu si vlasy rozdělte na dvě stejné části.

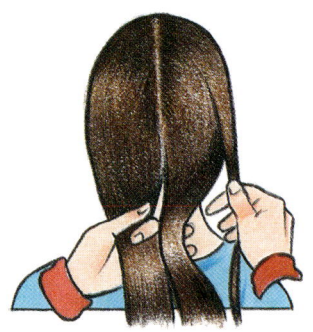

2. Vlasy si podržte levou rukou jako na obrázku. Vezměte slabý pramen z vnější části pravého pramene.

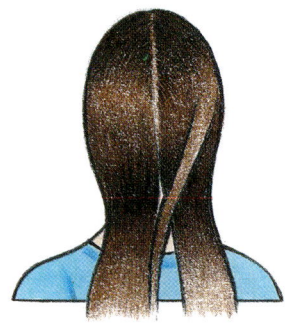

3. Pramínek překřižte a připojte ho k vnitřní části levého pramene.

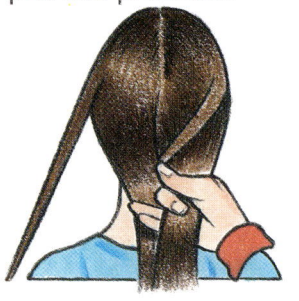

4. Prameny si přendejte do pravé ruky a vezměte slabý pramen z vnější části levého pramene.

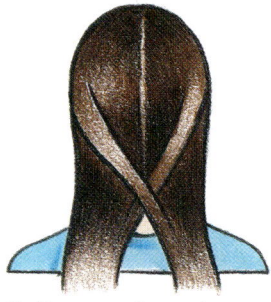

5. Pramínek překřižte a přidejte ho k vnitřní části pravého pramene. Včešte ho do vlasů tohoto pramene.

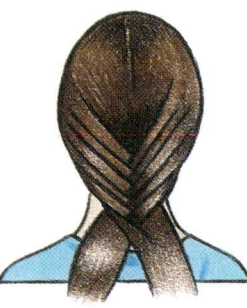

6. Opakujte kroky 2 až 5 po celé délce copu. Slabé prameny udržujte stejně silné.

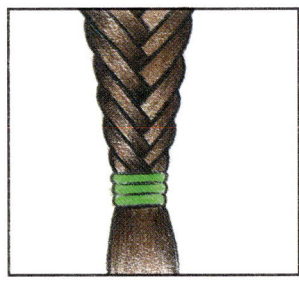

7. Když se dostanete na konec vlasů, pevně sepněte konec copu gumičkou.

Gumičku na konci copu zakryjte stužkou nebo ozdobnou gumičkou.

Rybí copy

  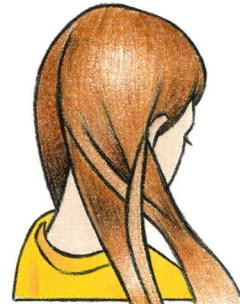 

1. Uprostřed hlavy udělejte pěšinku. Jednu polovinu si dejte stranou a druhou část rozdělte na dvě části.

2. Vezměte slabý pramen z vnější části levého pramene, překřižte jej a přidejte k pravému prameni.

3. Oddělte slabý pramen z vnější části pravého pramene a přidejte ho k vnitřní části levého pramene.

4. Pokračujte s pletením, dávejte pravý, pak levý pramen přes prostřední a přidávejte je k opačným pramenům. Konec sepněte gumičkou.

5. Druhou polovinu rozdělte na dvě stejné části. Začněte s pravým pramenem a cop zaplétejte stejným způsobem.

Copy nechte na začátku volné, pak prameny utahujte.

Rada

Při tvorbě rybího copu nevytahujte vlasy do stran, ale pevně dolů. Tak bude vzorek vytvořený z pramenů úhledný a stejnoměrný.

Upleťte si rybí copy za ušima.

Doplňky

Na této straně vidíte škálu doplňků, které potřebujete k upevnění copů. Jsou zde také některé doplňky, kterými můžete copánky ozdobit a oživit. Ve většině obchodních domů se prodává velké množství ozdob, ale často je můžete koupit i levně na trzích.

Na copánky hippie si vyberte pestré bavlnky na vyšívání.

Velmi slabé stužky vypadají skvěle na konci slabých copánků.

Malá látková gumička

Gumičky jsou k dostání různě velké a různě silné. Malou gumičku použijte na slabý cop a větší na upevnění silnějšího copu.

Sponky do vlasů lze použít k přichycení rozpuštěných vlasů a upevnění křížených copánků.

Silnou stužku použijte k uvázání velké mašle na konci silného copu.

Látkové gumičky

Silná šňůrka

Vlásenky

Korálky na ozdobení konců slabých copánků

Ozdobné gumičky vyrobené ze všech druhů atraktivních látek můžete koupit.

KORÁLKY, NÁRAMKY A NÁHRDELNÍKY

Ray Gibson

Jak začít

Tato kniha vám ukáže, jak si vyrobit hezké náramky a mnoho skvělých korálků, které můžete nosit jako originální doplňky. Před začátkem si vždy přečtěte celý návod. Zde je několik rad a jednoduchých technik, jež vám pomohou.

Navlékání korálků

Korálky navlékejte na jehlu s dvojitou nití.

Aby korálky držely, přelepte konec nitě lepicí páskou. Po navlečení všech korálků ukončete nit dvěma uzlíky.

Zde jsou další nápady k navlékání korálků. Pomůcky můžete sehnat v obchodě s řemeslnickými potřebami nebo v galantérii.

Slabá gumička: Navlékněte ji na jehlu s velkým uchem nebo ji přímo provlékněte korálky. Dobře si změřte, kolik jí budete potřebovat.

Kožený pásek: Abyste mohli zavěsit přívěsek, přeložte pásek na polovinu. Zezadu protáhněte oba konce otvorem. Vytáhněte je téměř celé a protáhněte smyčkou v pásku. Utáhněte je a konce svažte.
Na pásek nebo tkanici se dají navlékat i velké korálky. Vyzkoušejte také dárkovou stužku, šňůrku, bavlnku na vyšívání nebo mašli.

Navlékání malých korálků

Použijte nit nebo vlasec zvaný též nylonová nit, která je silná a neviditelná a můžete ji rovnou protáhnout korálky.

Měření délky

Aby náramek nebo náhrdelník přesně padl, podržte jeho konce u sebe, snažte se ho navléknout na hlavu nebo na ruku a přidejte asi 5 cm na koncové uzlíky. Gumičku při měření nenatahujte (když ji příliš natáhnete, bude vás škrtit).

Vyrábíte-li dárek pro dospělého, přidejte několik centimetrů.

Stojánek na korálky

Stojánek brání korálkům v rozkutálení a je užitečný i z jiných důvodů (viz vpravo).

1. Nastříhejte čtyři listy novin na dlouhý proužek o šířce 12 cm. Proužek podélně přeložte na polovinu.

2. Obě poloviny opět přeložte směrem dolů k prostřednímu záhybu. Pokud si myslíte, že budete chtít stojánkem pohybovat, položte ho na talíř.

Korálky naskládejte do žlábku uprostřed.

Rady
Udržujte čistotu: Vždy pracujte na čistém stole a s čistýma rukama.

Schovávejte si zbytky: Nevyhazujte hezké nebo lesklé zbytky, které někdy můžete použít. Fólie, dárkové balicí papíry, dárkové stužky, nitě, odstřižky látek a staré náhrdelníky se mohou hodit.

Používání stojánku na korálky
S pomocí stojánku můžete spočítat potřebný počet korálků. Změřte si, jak dlouhý chcete mít náhrdelník nebo náramek (viz vlevo), vyrobte o něco delší stojánek a vyznačte na něm délku, které chcete dosáhnout. Stojánek zaplňte korálky až ke značce - nyní máte korálků dostatek.

Stojánek také usnadňuje navlékání korálků podle velikosti nebo vzoru (viz strana 46).

Korálky položte na stojánek v pořadí, v jakém je chcete mít navléknuté. Postupujte z jednoho konce stojánku na druhý a každým korálkem protáhněte jehlu s nití. Oba konce nitě svažte dvěma uzlíky.

Nákup korálků
Kupované korálky jsou drahé. Když si ale vyrobíte své vlastní, zkuste je smíchat s korálky z přetrženého náhrdelníku nebo několika koupenými korálky.

Malé skleněné korálky nestojí mnoho a v kombinaci s ručně dělanými korálky vypadají dobře. Můžete jimi také ozdobit větší doplňky, které si zhotovíte.

Malé skleněné korálky jsou k dostání v různých tvarech a velikostech. Dlouhé skleněné korálky

Porozhlédněte se po krabičkách s namíchanými skleněnými korálky.

Co si můžete koupit
Těchto několik předmětů si můžete koupit v obchodě s řemeslnými potřebami. Návod na jejich použití najdete na straně 64.

Zadní části broží
Na zadní část brože často postačí jen obyčejný spínací špendlík. K broži se pouze přišije.

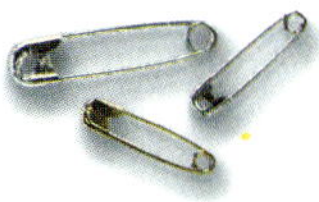

Příchytky k náušnicím

Na nepropíchlé uši

Na propíchlé uši

Rolované papírové korálky

Budete potřebovat:
jednobarevný nebo vzorovaný lesklý dárkový papír, pravítko, ostré nůžky, umělohmotné brčko, lepidlo v tyčince.

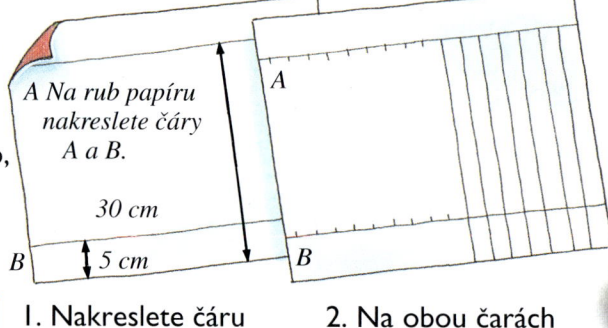

A Na rub papíru nakreslete čáry A a B.

30 cm

5 cm

Rychlá metoda

Větší množství korálků rychle vyrobíme pomocí šablony.

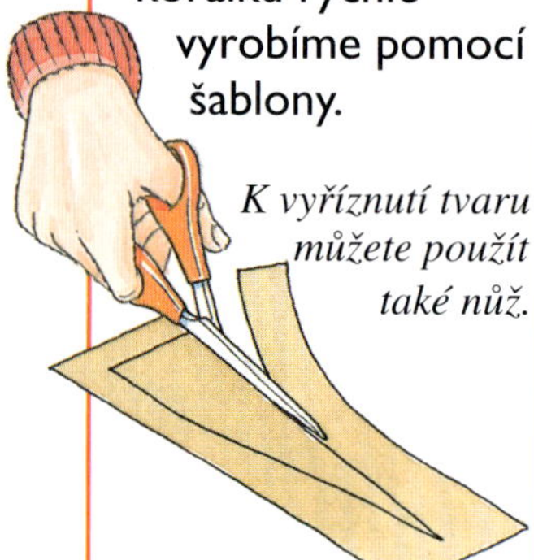

K vyříznutí tvaru můžete použít také nůž.

Na slabý kartón nakreslete šablonu libovolné velikosti a tvaru a pečlivě ji vystřihněte.

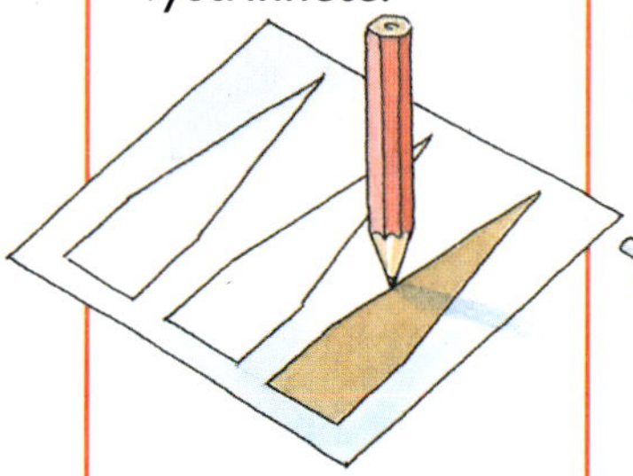

Šablonu položte na papír a obkreslete ji.

Šablonu posunujte po papíru a nakreslete tolik kopií, kolik potřebujete.

1. Nakreslete čáru vzdálenou 5 cm od dolního okraje papíru a další vzdálenou 30 cm.

2. Na obou čarách vyznačte body vzdálené od sebe 3 cm. Pomocí pravítka tyto body spojte.

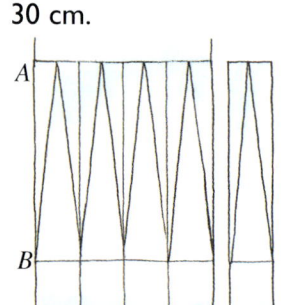

3. Na čáře A vyznačte v každém pruhu střed. Ten spojte s krajními body na čáře B. Nejdříve vystřihněte proužky, pak i špičku.

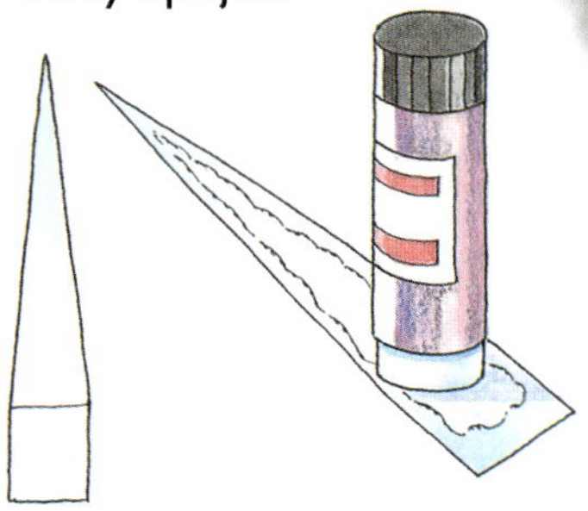

Pokud špička zaschne, potřete ji znovu lepidlem.

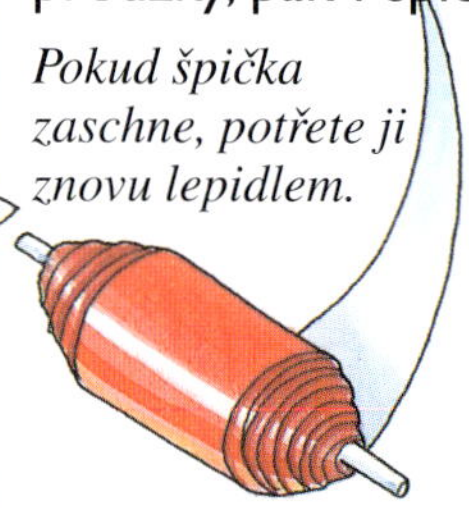

4. Do středu proužku naneste trochu lepidla, ale 2 cm na širším konci nenatírejte.

Korálky si rychle vyrobíte, navinete-li na brčko lesklý papír potřený lepidlem a rozstříháte na libovolné kousky.

5. Nenatřený konec pevně omotejte kolem brčka. Okraje vyrovnávejte a srolujte takto celý proužek.

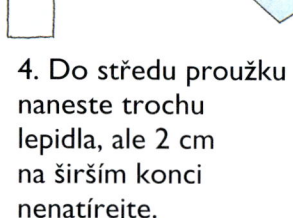

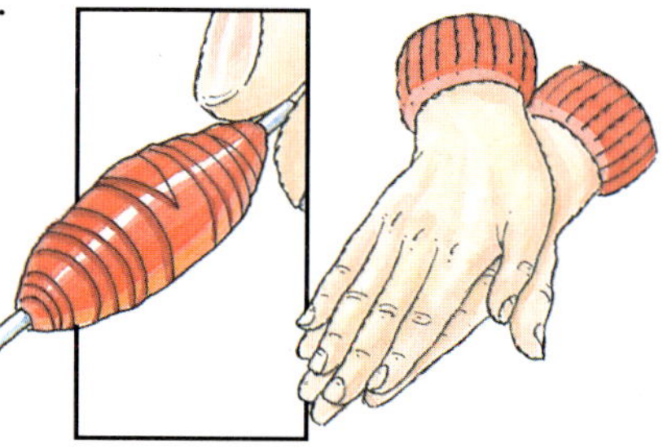

6. Korálek stáhněte z brčka a velmi jemně ho proválejte v rukou. Asi hodinu ho nechte schnout.

7. Kroky 4 až 6 opakujte, dokud si nevyrobíte dostatek korálků (na náhrdelník nejméně 18).

Zkuste si vyrobit korálky z použitého vánočního nebo dárkového papíru.

Jednobarevné korálky vypadají dobře, jsou-li smíchány s korálky vzorovanými.

Další papírové korálky

Papírové korálky jsou lehké a laciné. Vypadají také dobře, jsou-li smíchány s jinými korálky.

Dlouhé korálky:
Postupujte stejně, ale korálky vyrábějte širší; v kroku 2 vyznačte body vzdálené od sebe 4 nebo 5 cm.

Silné korálky:
Na tyto silné korálky použijte silný papír. Postup je stejný, ale v kroku 1 nakreslete čáru 50 cm od dolního okraje; v kroku 2 vyznačte body vzdálené od sebe 1,5 cm.

Korálky z novin:
Vyrobte si dlouhé korálky z novinového papíru. Namalujte je akrylovými barvami.

Hezké korálky lze vyrobit ze silného krepového papíru.

Válcové korálky:
Vystřihněte rovné proužky papíru o rozměrech 2,5 x 30 cm a postupujte podle kroků 4-7 na protější straně.

Malé zlaté korálky:
Na zlatý papír nakreslete rovné proužky o rozměrech 1,5 x 20 cm a vystřihněte je. Postupujte podle kroků 4-7; papír nenamotávejte na brčko, ale na párátko.

Malé stříbrné korálky:
Ze stříbrného papíru vystřihněte rovné proužky o rozměrech 0,5 x 20 cm a omotejte je kolem párátka.

Lakování

Přelakováním papírové korálky zpevní. Smíchejte lepidlo s trochou vody. Lepidlo bude po zaschnutí naprosto průzračné. Jednotlivé korálky navlékněte na párátka, která zapíchněte do půlky čisté, suché brambory. Korálky pečlivě natřete odzdola až nahoru lakem a nechte je uschnout.

Hliněná prasátka a jablíčka

Budete potřebovat:
růžový, zelený a červený modurit, stříbrný květinářský drát, plech na pečení, alobal, tři párátka, průsvitnou lepenku, nůž, staré nůžky, slabou gumičku, velkou jehlu.

Na náhrdelník:
potřebujete 4 prasátka a asi 40 jablíček.

Na náramek:
3 prasátka, 15 jablíček.

Jak udělat na drátu smyčku
Ke každému prasátku potřebujete takto připravenou smyčku:

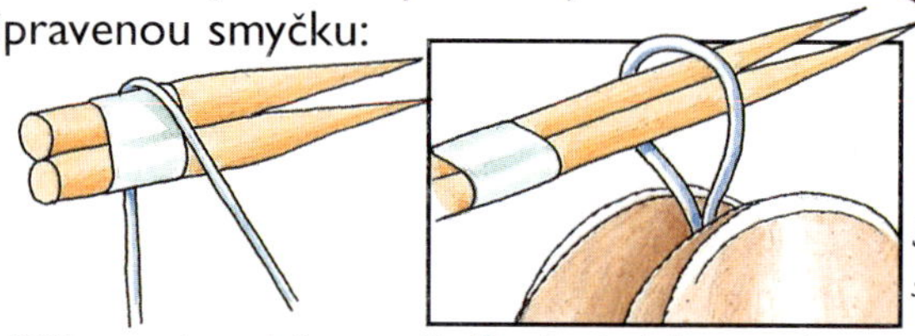

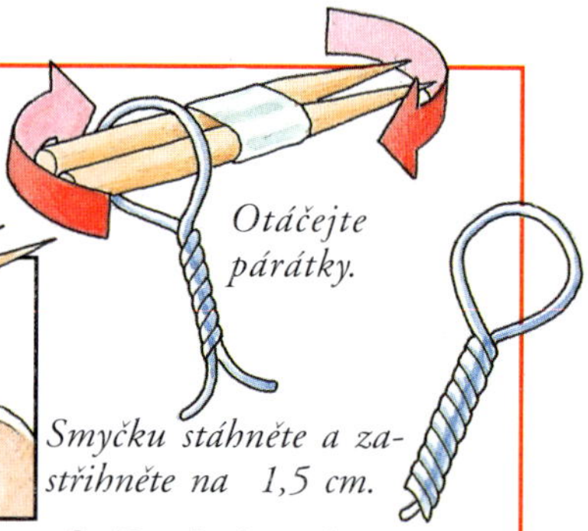

Otáčejte párátky.

Smyčku stáhněte a zastřihněte na 1,5 cm.

1. Přilepte k sobě dvě párátka. Navlékněte na ně asi 9 cm dlouhý drát.

2. Pod párátky spojte obě části drátu a pevně je držte po celý krok 3.

3. Dvakrát nebo třikrát otočte párátky. Drát se sám zaplete a utvoří smyčku.

Prasátka

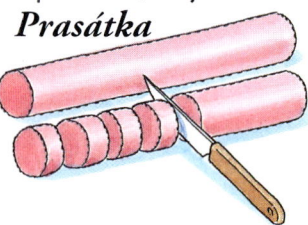

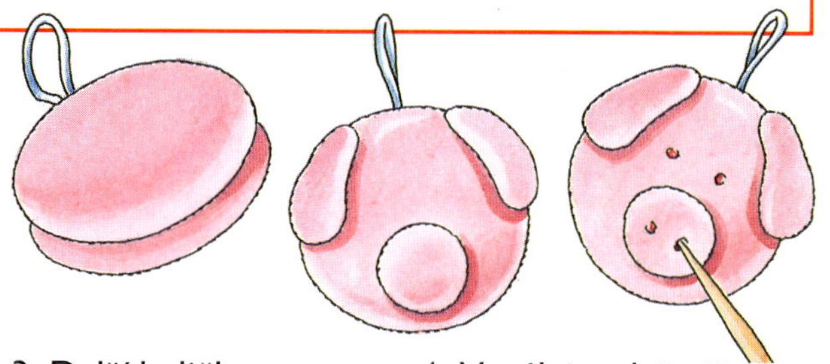

1. Rukama propracujte trochu růžového moduritu, až je vláčný. Vyválejte ho do tvaru válce a nařežte na kousky velikosti hrášku. Jeden z nich vyválejte do kuličky.

Smyčka musí být v tomto úhlu.

2. Převrácený plech na pečení pokryjte alobalem. Na kraj plechu položte kuličku, zmáčkněte ji a doprostřed dejte drátěnou smyčku (viz výše).

3. Další kuličku zploštěte více než první, aby byla větší. Přitiskněte ji na první, a zakryjte tak konec drátu.

4. Vyválejte dvě uši ve tvaru hrušky a přitiskněte je k hlavě. Pak přidejte malý kulatý čenich. Párátkem vyznačte oči a nosní dírky.

Rada
Aby měly všechny korálky stejnou velikost, vyválejte trochu moduritu do tvaru válce. Rozpulte ho a každý kus pulte tak dlouho, až docílíte správné velikosti.

Jablíčka

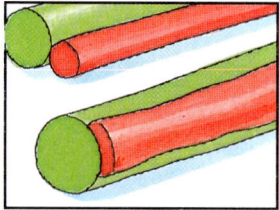

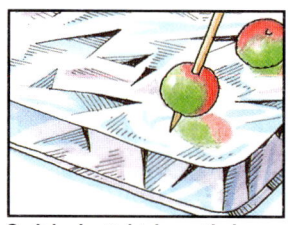

1. Propracujte trochu zelené hlíny a vyválejte ji do tvaru válce. Na stranu přidejte slabý proužek měkké červené hlíny. Obě části vyválejte.

2. Na každý korálek uřízněte kousek válečku velikosti hrášku a vyválejte ho do kuličky (viz Rada). Kuličku položte na převrácený plech a propíchněte ji párátkem.

Pečení a navlékání
Korálky pečte při teplotě 140°C po dobu 10 až 15 minut nebo se řiďte radami výrobce. Poproste někoho dospělého o pomoc. Po vystydnutí navlékněte korálky na gumičku v délce náhrdelníku nebo náramku (viz strana 34). Konce svažte dvěma uzlíky.

Snažte se střídat barvy hlíny, aby se vytvořil mramorový efekt. V tomto náramku se střídá deset mramorových korálků a dvacet jednobarevných. Více se o výrobě mramorových korálků dozvíte na další straně.

Mezi prasátka navlékněte čtyři jablíčka.

Vyrobte si množství jednobarevných lesklých korálků. Aby byly všechny stejně velké, řiďte se Radou.

Na náhrdelník z ovoce si připravte 5 banánů, 30 pomerančů, 5 jahod a 30 jablíček.

Ovocný koktejl

Pomůcky: jako u prasátek a jablíček, zelený, červený, žlutý, oranžový a černý modurit, pískový papír.

Banán: Vyválejte slabý žlutý válec s černým proužkem o délce 5 cm. Válec podélně rozpulte a jednu půlku položte na převrácený plech. Přiložte na ni drátěnou smyčku a překryjte ji druhou půlkou banánu. Obě části opatrně stiskněte a vytvarujte banán.

Jahoda: Vytvarujte kuličku červené hlíny do tvaru jahody. Z plátku zelené hlíny vyřízněte list. Položte ho na jahodu a propíchněte jím smyčku. Párátkem vyznačte semínka.

Pomeranč: Na pískovém papíru vyválejte z oranžové hlíny kuličku velikosti hrášku. Položte ji na alobal a propíchněte párátkem.

Mramorové korálky

Potřebujete: modurit ve třech barvách, plech na pečení, alobal, párátko, nůž.

Opatrně zmáčkněte.

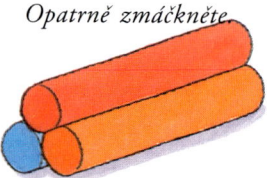

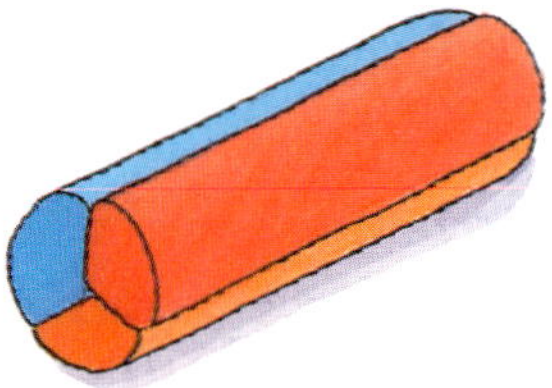

1. Propracujte modurit a vyválejte ji do tří stejně dlouhých válečků. Položte je na sebe a zmáčkněte dohromady.

Čím více je mačkáte, tím více se odstíny smíchají.

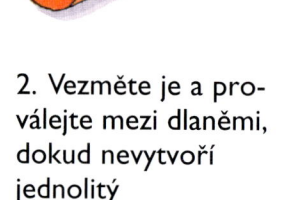

2. Vezměte je a proválejte mezi dlaněmi, dokud nevytvoří jednolitý útvar.

3. Tento váleček rozdělte na tři stejně dlouhé kousky. Opakujte kroky 1-3, dokud není váleček hodně pruhovaný.

4. Nařežte ho na kousky velikosti hrášku (viz Rada, strana 38). Každý z nich vyválejte do kuličky a dokončete jako u jablíček (strana 38).

Na náramek si připravte asi 40 korálků.

Na hnědý náhrdelník si vyrobte slabé proužky z úzkého válečku mramorového moduritu. Korálky propíchněte v jediném bodě.

Pruhovaný náramek

Potřebujete: jako výše, navíc látací jehlu a slabou gumičku.

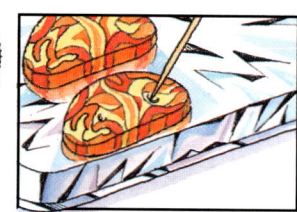

1. Postupujte podle kroků 1-3 (viz výše). Pruhovaný váleček nařežte na slabé plátky. Při řezání se spodní část trochu zploští.

2. Plátky položte na plech pokrytý alobalem. Jehlou do nich propíchněte dvě dírky. Plátky upečte a nechte vychladnout (viz strana 38).

Dírkami musí projít látací jehla.

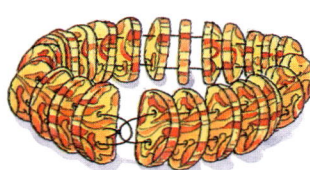

3. Zploštělé části korálků držte pohromadě, jednou stranou protáhněte gumičku a druhou stranou ji vytáhněte zpátky.

Konce gumičky zastřihněte.

4. Nakonec protáhněte jeden konec gumičky smyčkou a svažte ho s druhým volným koncem.

40

Korálky z rostlin

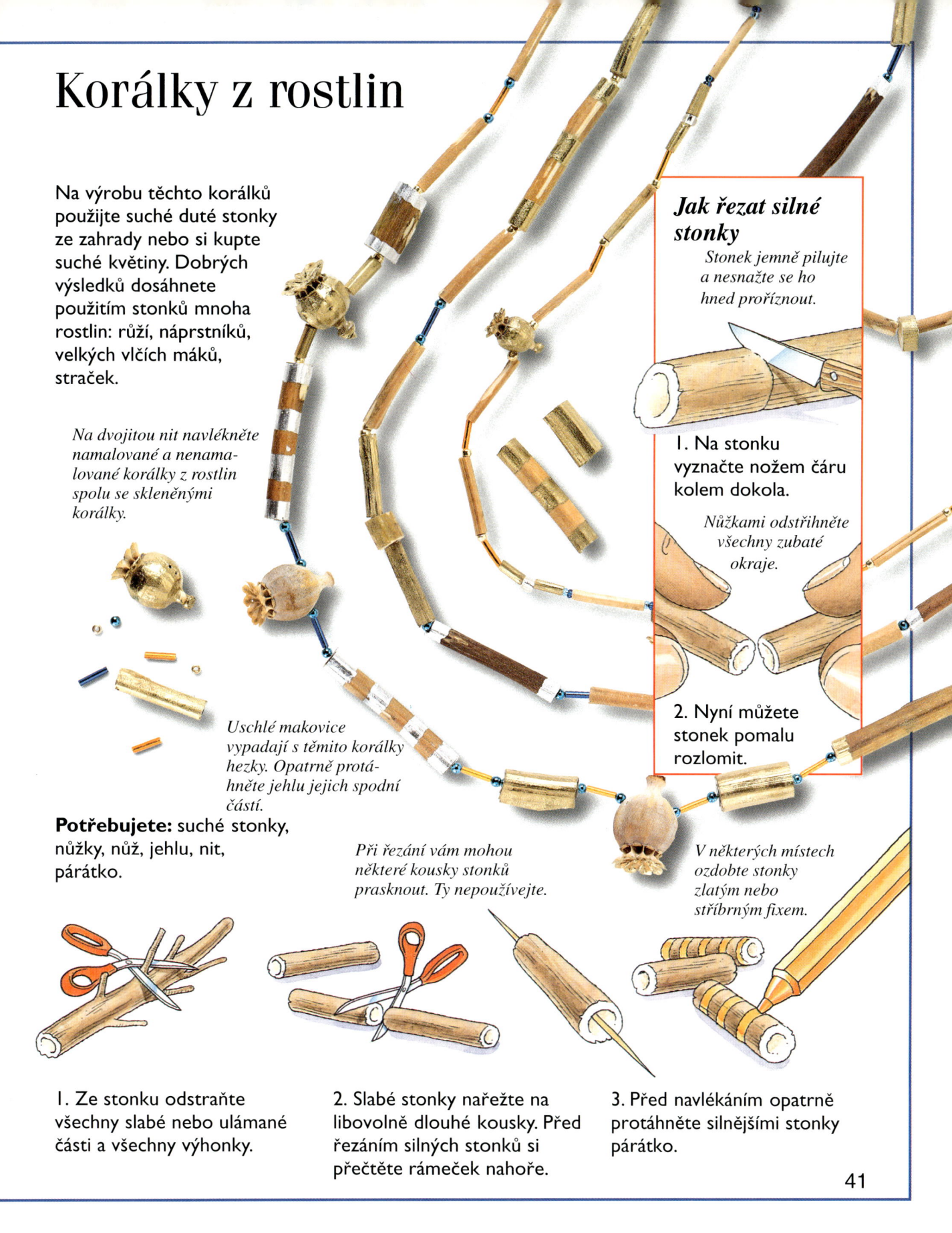

Na výrobu těchto korálků použijte suché duté stonky ze zahrady nebo si kupte suché květiny. Dobrých výsledků dosáhnete použitím stonků mnoha rostlin: růží, náprstníků, velkých vlčích máků, straček.

Na dvojitou nit navlékněte namalované a nenamalované korálky z rostlin spolu se skleněnými korálky.

Uschlé makovice vypadají s těmito korálky hezky. Opatrně protáhněte jehlu jejich spodní částí.

Potřebujete: suché stonky, nůžky, nůž, jehlu, nit, párátko.

Při řezání vám mohou některé kousky stonků prasknout. Ty nepoužívejte.

Jak řezat silné stonky

Stonek jemně pilujte a nesnažte se ho hned proříznout.

1. Na stonku vyznačte nožem čáru kolem dokola.

Nůžkami odstřihněte všechny zubaté okraje.

2. Nyní můžete stonek pomalu rozlomit.

V některých místech ozdobte stonky zlatým nebo stříbrným fixem.

1. Ze stonku odstraňte všechny slabé nebo ulámané části a všechny výhonky.

2. Slabé stonky nařežte na libovolně dlouhé kousky. Před řezáním silných stonků si přečtěte rámeček nahoře.

3. Před navlékáním opatrně protáhněte silnějšími stonky párátko.

41

Náramky pro kamarády

Při prvním pokusu se může výroba těchto náramků zdát obtížná. Ale nevzdávejte se, protože brzy přijdete této technice na kloub. Pak můžete experimentovat se vzory a pro každého kamaráda vyrobit úplně jiný náramek.

Potřebujete: tři odstíny bavlnky po šesti nitkách, průsvitnou lepenku, nůžky.

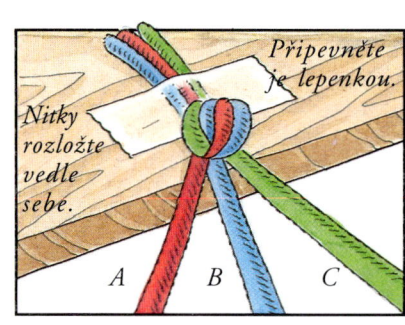

1. Od každého odstínu bavlnky ustřihněte 70 cm. 6 cm od konce je svažte dohromady uzlíkem. Tento konec přilepte k okraji stolu.

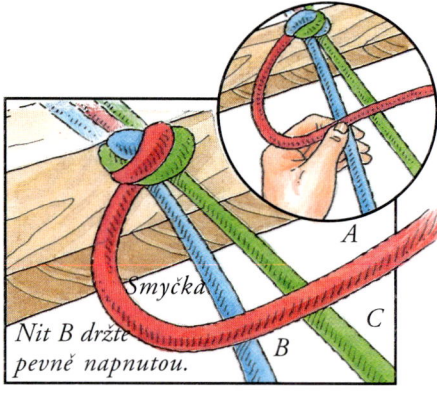

2. Levou rukou* si podržte nit B. Pravou rukou položte nit A přes nit B. Vytvoří se tak smyčka. Spolu s nití B ji podržte levým palcem.

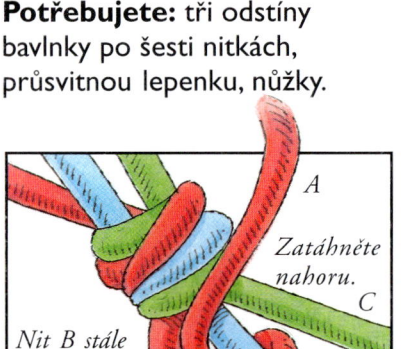

3. Volný konec nitě A vložte pod nit B, protáhněte ho smyčkou a udělejte volný uzel. Za nit A silně zatáhněte, a uzlík tak posuňte nahoru.

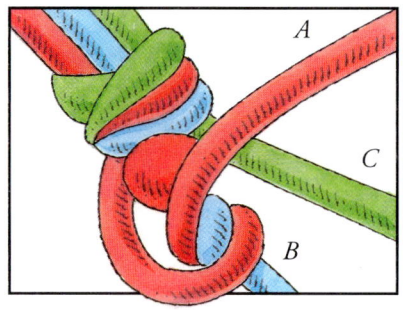

4. Krok 3 opakujte, nit A znovu položte přes niť B, pak ji protáhněte smyčkou do volného uzlu. Nit A utáhněte. Nyní máte dva uzlíky.

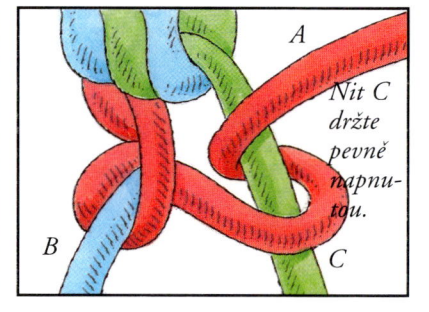

5. Pusťte nit B a podržte nit C. Stejným způsobem utvořte dvakrát uzlík nití A kolem nitě C. Nit A je nyní vpravo a vy máte za sebou první řadu.

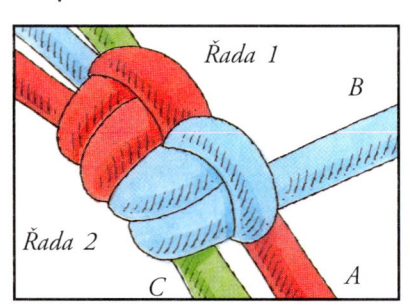

6. Začněte druhou řadu uzlováním zleva doprava; udělejte dvakrát uzlík nití B kolem nitě C, pak dvakrát kolem nitě A. Ve třetí řadě udělejte dvakrát uzlík nití C kolem A, pak kolem nitě B.

7. Dále přidávejte další řady zleva doprava, dokud nedocílíte délky, postačující k obtočení zápěstí.

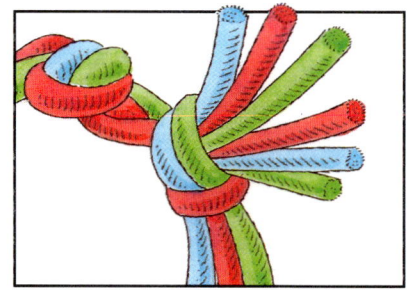

8. Náramek dejte kamarádovi kolem zápěstí, dvakrát ho zauzlujte a konce odstřihněte. Abyste si náramek mohli uvázat kolem zápěstí vy, požádejte o pomoc kamaráda.

42

* Jste-li levák, pracujte opačnou rukou.

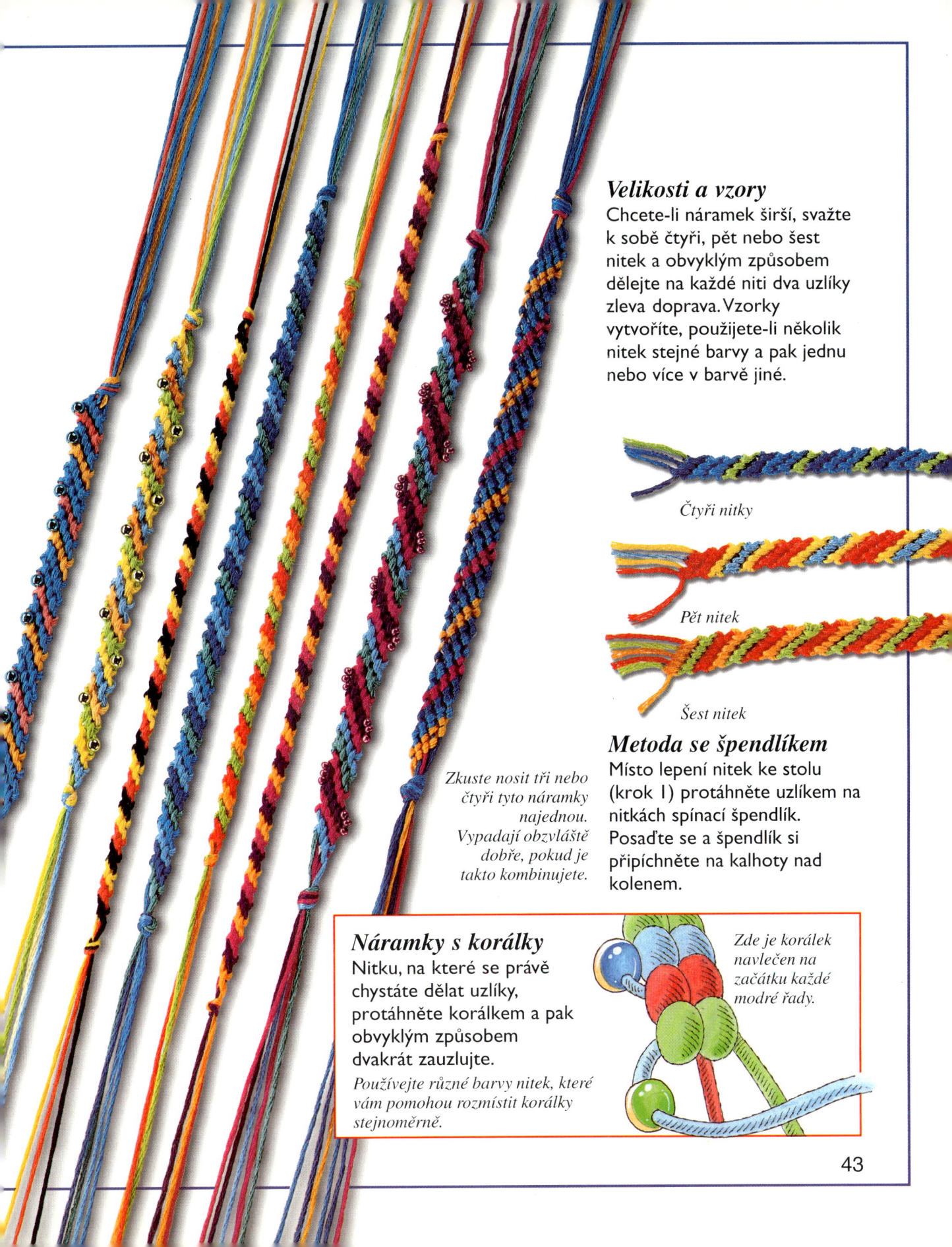

Velikosti a vzory

Chcete-li náramek širší, svažte k sobě čtyři, pět nebo šest nitek a obvyklým způsobem dělejte na každé niti dva uzlíky zleva doprava. Vzorky vytvoříte, použijete-li několik nitek stejné barvy a pak jednu nebo více v barvě jiné.

Čtyři nitky

Pět nitek

Šest nitek

Metoda se špendlíkem

Místo lepení nitek ke stolu (krok 1) protáhněte uzlíkem na nitkách spínací špendlík. Posaďte se a špendlík si připíchněte na kalhoty nad kolenem.

Zkuste nosit tři nebo čtyři tyto náramky najednou. Vypadají obzvláště dobře, pokud je takto kombinujete.

Náramky s korálky

Nitku, na které se právě chystáte dělat uzlíky, protáhněte korálkem a pak obvyklým způsobem dvakrát zauzlujte.

Používejte různé barvy nitek, které vám pomohou rozmístit korálky stejnoměrně.

Zde je korálek navlečen na začátku každé modré řady.

Přívěsky z kovových srdíček

Co potřebujete: čistou, prázdnou měkkou plechovku, průsvitnou lepenku, staré rukavice, hadřík, staré nůžky, tužku, malé kladívko, lepidlo v tyčince, průsvitný papír o rozměrech 6 x 6 cm, pískový papír, plochý kousek dřeva, hřebík, dva malé kousky kartónu.

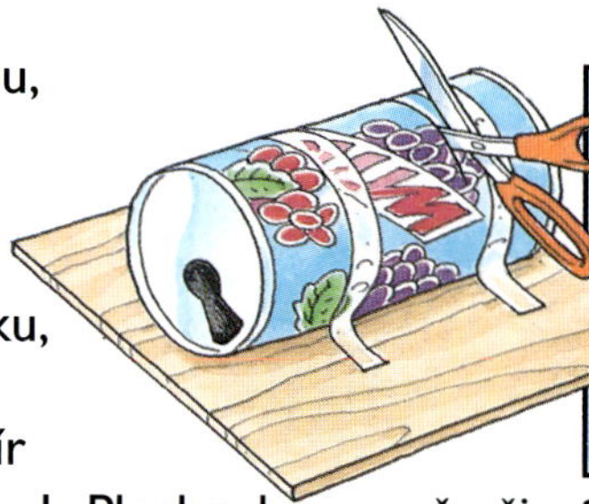

Náčrtek upravte podle velikosti čtverce.

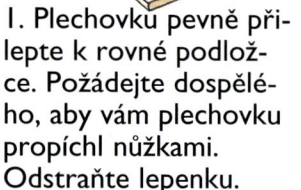

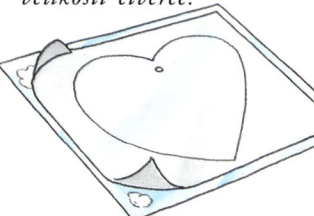

1. Plechovku pevně přilepte k rovné podložce. Požádejte dospělého, aby vám plechovku propíchl nůžkami. Odstraňte lepenku.

2. Na ruce si vezměte rukavice. Nůžky zasuňte do otvoru a vystřihněte čtverec o rozměrech 6 x 6 cm.

3. Kovový čtverec ohněte na druhou stranu, narovnejte ho a plochu vyleštěte hadříkem.

Dvě vrstvy kartónu
Zatlučte v místě značky.

4. Načrtněte šablonu velkého srdce se značkou pro otvor. Šablonu přilepte na rub kovového čtverce.

5. Čtverec lepenkou připevněte ke kousku dřeva. Pomocí hřebíku vytlačte v místě značky pro otvor dírku.

6. Do lepenky zatlučte hřebík, podržte ho a umístěte ho do otvoru. Hřebík pak zatlučte do kovu.

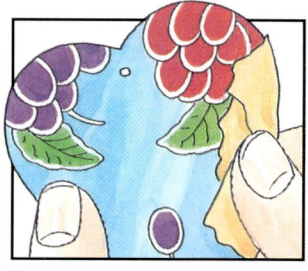

7. Vystřihněte srdce. Pískovým papírem obruste okraje a plochy kolem otvoru na lícové straně.

U brože protáhněte nit mašlí, korálkem a přívěskem a stejným způsobem nazpátek. Dokončení viz strana 35.

Srdíčko s ozdobou

Postupujte podle kroků 1-7; velké srdce dejte jednobarevnou stranou nahoru (náčrtek položte na vzorovanou stranu).
Dále potřebujete: alobal, lesklá pozlátka.

Zploštěte spodní stranu ozdoby.

Použijte hodně lepidla a nechte ho zaschnout.

1. Zmačkejte kousek alobalu a zabalte ho do lesklého pozlátka. Tuto ozdobu přitiskněte na rovnou podložku.

2. Ozdobu přilepte do středu srdíčka a kolem ní nalepte proužek složeného alobalu.

Rytý přívěsek

Co potřebujete: rovný kousek plechu (viz kroky 1-3 vlevo), tenký popisovač, staré kuličkové pero, papírové ručníky, děrovačku, kožený pásek.

Nechte místo pro otvor.

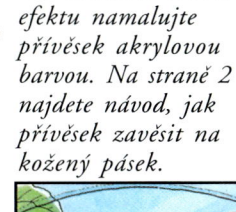

Pro dosažení tohoto efektu namalujte přívěsek akrylovou barvou. Na straně 2 najdete návod, jak přívěsek zavěsit na kožený pásek.

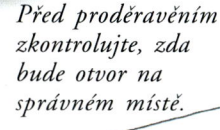

Před proděravěním zkontrolujte, zda bude otvor na správném místě.

1. Na několik papírových ručníků položte plech lícem nahoru. Popisovačem nakreslete vzorek.

2. Vzorek několikrát obkreslete kuličkovým perem, aby se protlačil na druhou stranu.

3. Tvar vystřihněte podél vnějšího protlačeného okraje. Utvořte otvor na kožený pásek a okraje obruste.

Šablona pro srdíčko

Otvor pro navlečení nitě
Pro výrobu plstěného srdce ze strany 18 použijte velkou šablonu.

Na těsný sametový náhrdelník je nejlepší malý tvar. Můžete ho použít i na brož.

Těsný sametový náhrdelník

Potřebujete: malý jednobarevný přívěsek ve tvaru srdíčka, akrylové barvy, slabý štětec, sametovou stužku 37 cm dlouhou a 1,5 cm širokou, stříbrný papírový korálek (strana 36), několik malých skleněných korálků a flitrů, jehlu a nit, suchý zip.

Na konci nitě udělejte uzlík.

1. Střed srdce vybarvěte. Po zaschnutí vyškrábejte do barvy vzorek.

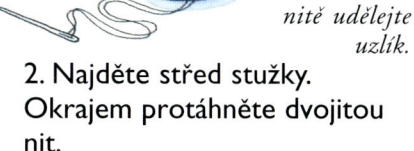

2. Najděte střed stužky. Okrajem protáhněte dvojitou nit.

Ozdobte korálky a flitry.

Nakonec udělejte několik malých stehů.

3. Nit provlečte papírovým korálkem a srdcem; stejným způsobem zpátky ke stužce.

4. Konce stužky založte a na oba přišijte dvoucentimetrový suchý zip.

Velké korálky

Na náhrdelník potřebujete:
stojánek z novin (viz strana 34-35) na podložce, alobal, pravítko, nůžky, staré rukavice, papírovou drť (viz rámeček), velkou jehlu (látací nebo čalounickou), slabou gumičku, akrylové barvy a štětec.

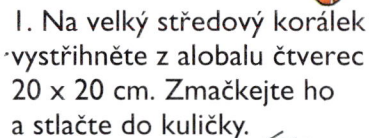

1. Na velký středový korálek vystřihněte z alobalu čtverec 20 x 20 cm. Zmačkejte ho a stlačte do kuličky.

Alobal vytvarujte do kuličky.

2. Navlékněte si rukavice. Kuličku silou vyválejte v dlaních a položte ji do středu stojánku.

Největší korálek je uprostřed.

Různé vzory na těchto korálcích spolu dobře ladí, protože jsou namalovány stejnými barevnými odstíny.

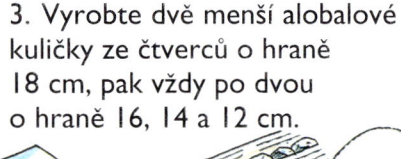

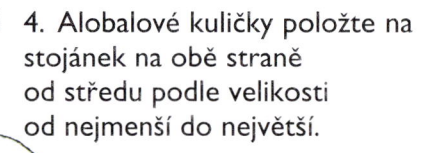

3. Vyrobte dvě menší alobalové kuličky ze čtverců o hraně 18 cm, pak vždy po dvou o hraně 16, 14 a 12 cm.

4. Alobalové kuličky položte na stojánek na obě strany od středu podle velikosti od nejmenší do největší.

5. Udělejte kuličky ze čtverců o hraně 10 cm, které přidáte na oba konce, abyste dosáhli potřebné délky náhrdelníku.

6. Ke každé alobalové kuličce vyválejte z drti kuličku o stejné velikosti. Rozválejte ji na kruh a obalte jím alobalovou kuličku.

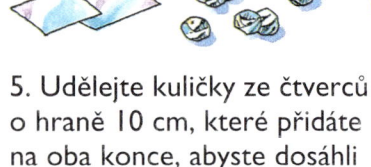

Korálky se po zaschnutí trochu zmenší.

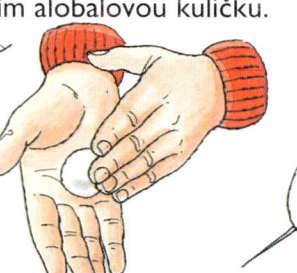

Vrstva bílé barvy je dobrým základem pro zdobení.

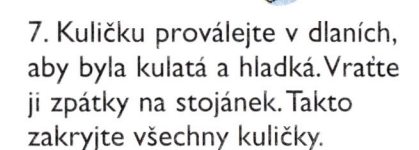

7. Kuličku proválejte v dlaních, aby byla kulatá a hladká. Vraťte ji zpátky na stojánek. Takto zakryjte všechny kuličky.

8. Kuličky nechte uschnout na teplém místě. Občas každou kuličku jemně proválejte a dejte zpět uschnout.

9. Po zaschnutí propíchněte každou kuličku jehlou. Kuličky natřete na bílo a suché je pomalujte.

Rychlé alobalové kuličky

Vyrobte kuličky, postupujte podle kroků 1-5. Nepřidávejte papírovou drť, jen je propíchněte jehlou. Kuličky ozdobte tak, že si naneste trochu barvy na dlaně a korálky v nich poválejte. Nechte je zaschnout. Pokud chcete, můžete je podruhé povalét v jiné barvě.

Korálky níže jsou vyrobeny jen z alobalu. Potom pováleny v troše barvy tak, aby stříbrná barva prosvítala. Alobalové korálky také můžete povalét v černé barvě, kombinovat je s malými černými skleněnými korálky, a vytvořit tak rafinovaný náhrdelník.

Papírová drť

Potřebujete:
nůžky, noviny, misku, hrnek, lepidlo, lžíci, sítko, mixér (nemusí být).

1. Nastříhejte několik listů novin na čtverce o hraně 1,5 cm (aby při lehkém stlačení zaplnily polovinu hrnku).

2. Papír namáčejte tři hodiny v horké vodě, pak ho vyždímejte a prsty rozmačkejte na kaši.

3. Drť také vyrobíte, dáte-li suché papírové čtverečky do mixéru, zalijete vodou a krátce promixujete.

Před použitím mixéru požádejte o svolení.

4. Drť vlijte do sítka a vymačkejte z ní většinu vody. Pak ji dejte do misky. Pomocí prstů smíchejte se lžící lepidla.

5. Míchejte a přidávejte lepidlo, dokud drť nevypadá jako bláto.

Drť můžete uchovávat ve sklenici v ledničce. Před použitím ji promíchejte.

Toto množství postačí na výrobu korálků ze strany 46.

Papírové vějíře

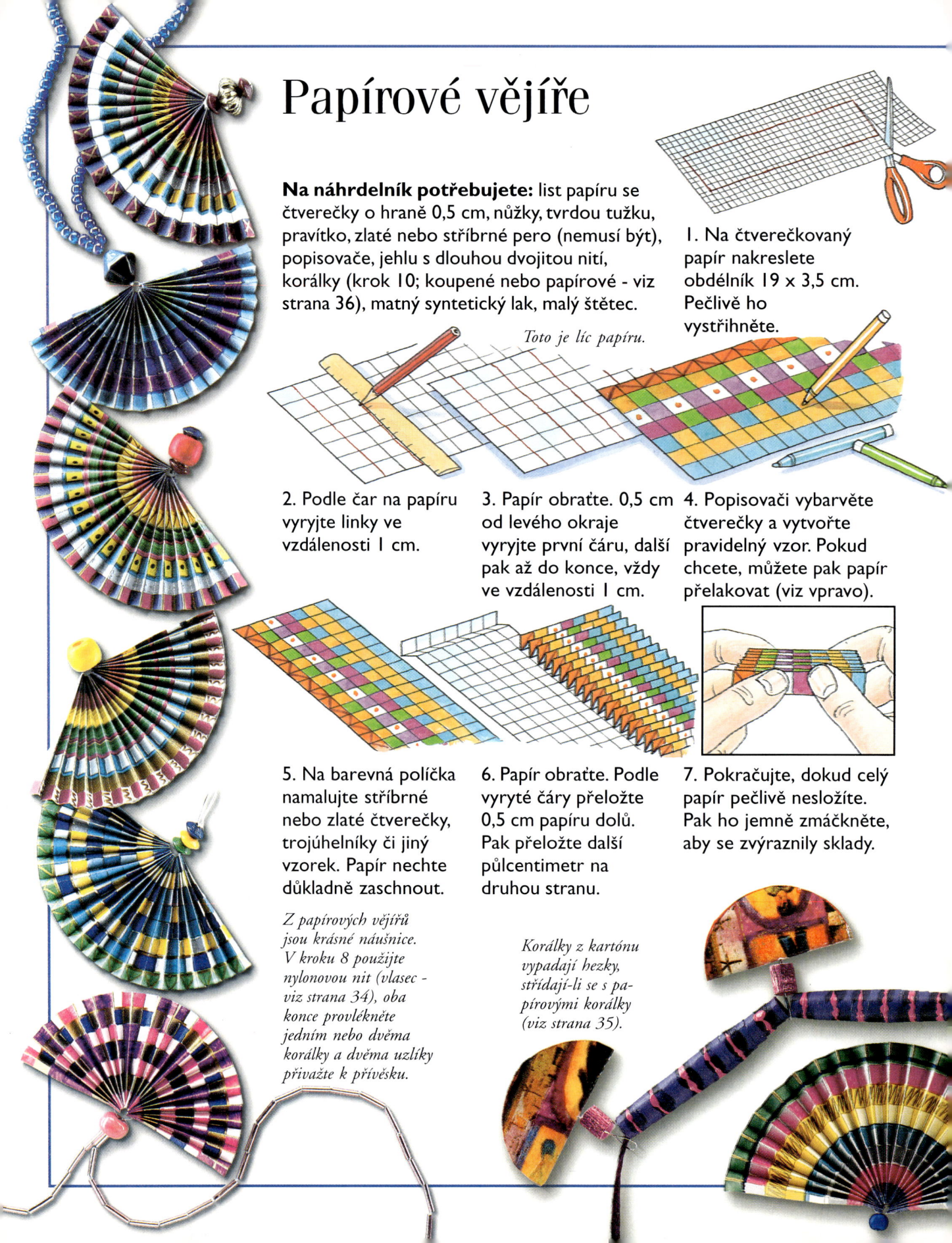

Na náhrdelník potřebujete: list papíru se čtverečky o hraně 0,5 cm, nůžky, tvrdou tužku, pravítko, zlaté nebo stříbrné pero (nemusí být), popisovače, jehlu s dlouhou dvojitou nití, korálky (krok 10; koupené nebo papírové - viz strana 36), matný syntetický lak, malý štětec.

1. Na čtverečkovaný papír nakreslete obdélník 19 x 3,5 cm. Pečlivě ho vystřihněte.

Toto je líc papíru.

2. Podle čar na papíru vyryjte linky ve vzdálenosti 1 cm.

3. Papír obraťte. 0,5 cm od levého okraje vyryjte první čáru, další pak až do konce, vždy ve vzdálenosti 1 cm.

4. Popisovači vybarvěte čtverečky a vytvořte pravidelný vzor. Pokud chcete, můžete pak papír přelakovat (viz vpravo).

5. Na barevná políčka namalujte stříbrné nebo zlaté čtverečky, trojúhelníky či jiný vzorek. Papír nechte důkladně zaschnout.

6. Papír obraťte. Podle vyryté čáry přeložte 0,5 cm papíru dolů. Pak přeložte další půlcentimetr na druhou stranu.

7. Pokračujte, dokud celý papír pečlivě nesložíte. Pak ho jemně zmáčkněte, aby se zvýraznily sklady.

Z papírových vějířů jsou krásné náušnice. V kroku 8 použijte nylonovou nit (vlasec - viz strana 34), oba konce provlékněte jedním nebo dvěma korálky a dvěma uzlíky přivažte k přívěsku.

Korálky z kartónu vypadají hezky, střídají-li se s papírovými korálky (viz strana 35).

Střed horního čtverečku

8. Prvními dvěma sklady (obr. nahoře vpravo) protáhněte jehlu, pak dalšími dvěma až do konce skládačky.

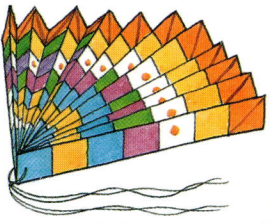

9. Provlékněte nit tak, aby byl vějíř uprostřed. Složte sklady a nit nahoře svažte.

Používáte-li korálky 1 cm široké, potřebujete jich asi 46

10. Konce nití provlékněte korálkem, oddělte je od sebe a navlékněte na ně další korálky.

Můžete si vyrobit papírové korálky, které se budou hodit ke kartónovým korálkům.

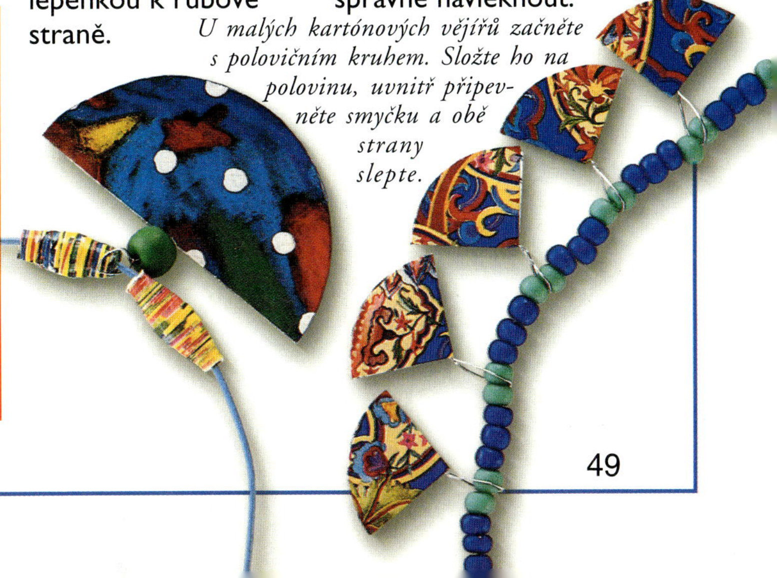

Vzorky vějířů

Vymyslete si svůj vlastní vzorek nebo použijte jeden z těchto. Tam, kde je vějíř stlačen, můžete malovat jednobarevné pruhy, protože kostkovaný vzor nebude na vějíři vidět.

Lakování

Po kroku 4 přetřete papír slabou vrstvou laku. Vějíř nechte uschnout na teplém místě a teprve pak přejděte ke kroku 5. Přelakovat můžete i kartónové korálky.

Korálky ze starých blahopřání

Na jeden korálek potřebujete: drát se smyčkou (jako na straně 38, ale smyčku omotejte kolem párátka a nechte dlouhý konec), malý korálek, blahopřání, tužku, nůžky, malou kulatou sklenici, lepidlo v tyčince, látací jehlu, průsvitnou lepenku.

Zatočte jehlou, aby se vytvořil dostatečně velký otvor pro drát se smyčkou.

1. Vyberte si část blahopřání, která se vám líbí. Položte na ni sklenici, obkreslete ji a kruh vystřihněte.

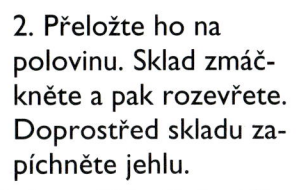

2. Přeložte ho na polovinu. Sklad zmáčkněte a pak rozevřete. Doprostřed skladu zapíchněte jehlu.

Je-li konec příliš dlouhý, zastřihněte ho.

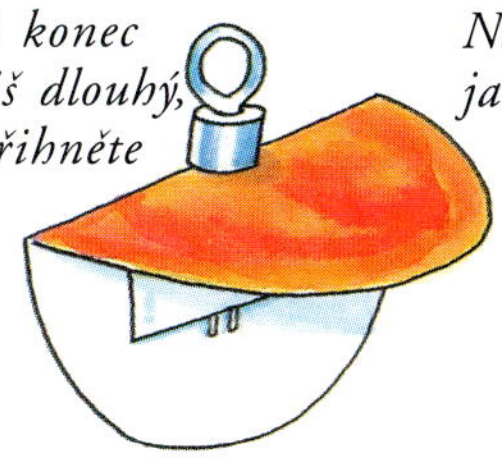

Na fotografiích níže je vidět, jak jsou smyčky natočené.

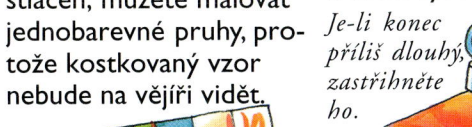

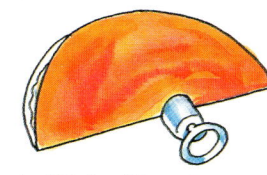

3. Smyčku provlékněte korálkem a pak otvorem v kruhu. Konec přilepte lepenkou k rubové straně.

4. Obě půlky slepte lepidlem a nechte je zaschnout. Smyčku natočte tak, aby se dala správně navléknout.

U malých kartónových vějířů začněte s polovičním kruhem. Složte ho na polovinu, uvnitř připevněte smyčku a obě strany slepte.

Plstěné korálky

Na plstěné srdce potřebujete: čtverce plsti, průsvitný papír, tužku, špendlíky, ostré nůžky, jehlu a nit, vycpávku, např. vlnu na pletení nastříhanou na malé kousky, skleněný nebo papírový korálek (viz strana 36), několik malých korálků nebo flitrů.

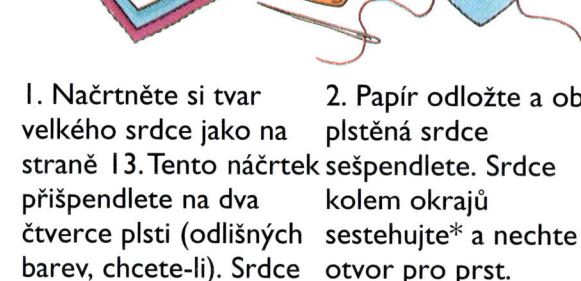

1. Načrtněte si tvar velkého srdce jako na straně 13. Tento náčrtek přišpendlete na dva čtverce plsti (odlišných barev, chcete-li). Srdce vystřihněte.

2. Papír odložte a obě plstěná srdce sešpendlete. Srdce kolem okrajů sestehujte* a nechte otvor pro prst.

3. Vyndejte špendlíky. Při kraji srdíčka sešijte dvojitou nití malými stehy, ale otvor nezašívejte.

4. Dlouhé stehy vypárejte. Srdce vyplňte vycpávkou. Otvor sešijte a nit nakonec zapošijte.

Na srdce našijte flitry nebo malé korálky.

5. Horním středem srdce provlékněte dvojitou nit a pak ji protáhněte skleněným nebo papírovým korálkem.

Jednoduchý přívěsek, který vypadá dobře na tričku, zhotovíte, zavěsíte-li vycpané srdíčko na gumičku. Připevníte ho tak, že nit několikrát otočíte kolem gumičky a pak ji protáhnete zpět do srdce a uděláte několik malých stehů.

Rolované plstěné korálky

Potřebujete: čtverec plsti, špendlíky, čtverečkovaný papír, párátko, lepidlo v tyčince, tužku, pravítko, nůžky.

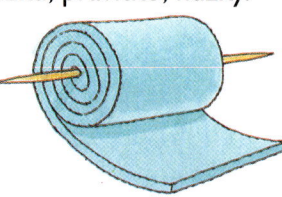

1. Na čtverečkovaný papír nakreslete proužek 1 cm široký. Vystřihněte ho, přišpendlete k plsti a stříhejte podél jeho okraje.

2. Papír sundejte. Proužek plsti těsně namotávejte na párátko, dokud nedosáhnete požadované velikosti korálku. Konec odstřihněte.

3. Plsť pevně přidržte a párátko opatrně vytáhněte. Volný konec bezpečně přilepte dolů a nechte zaschnout.

Pruhované ruličky
Vyrobte si rolované korálky ze dvou proužků plsti v odlišných barvách. Omotejte je kolem párátka. Nejdříve přilepte vnitřní volný konec, pak vnější.

*Stehování je šití velkými, volnými stehy, které se později odstraní.

U tohoto náhrdelníku (viz obr. výše) musíte navléknout rolované plstěné korálky na slabou gumičku. Nepravidelný efekt vytvoříte, namotáte-li pruh plsti, přilepíte, pak namotáte další odstín plsti a znovu přilepíte.

Vázané plstěné korálky
Potřebujete: čtverce plsti, umělohmotné brčko, lepidlo v tyčince, bavlnky na vyšívání, pletací příze, zlatou nebo stříbrnou nit, malé skleněné korálky, nůžky.

Na bavlnky navlékněte několik skleněných korálků.

1. Jednu stranu proužku plsti potřete lepidlem a omotejte ji kolem brčka. Brčko na obou koncích zastřihněte. Ke zhotovení náhrdelníku potřebujete navléknout osm korálků na několik bavlnek. U náramku navlékněte šest korálků na dostatečně slabou gumičku, kterou navléknete přes ruku (viz strana 34).

2. Každý korálek oviňte vlnou a bavlnkami. Pevně je uvažte a konce zastřihněte.

Vyrobte si vycpanou rybku (můžete použít velkou šablonu ze strany 55) a připevněte ji k pásku jako srdíčko vlevo.

Náhrdelník z plstěných korálků
Potřebujete: srdce, jeden velký a čtyři menší rolované korálky, 70 cm dlouhou dvojitou nit, slabou jehlu, skleněné korálky, průsvitnou lepenku.

1. Srdíčko přišijte k velkému korálku. Navlékněte skleněné korálky, aby zaplnily 26 cm dvojité niti.

Lepenka zadrží korálky.

2. Pak jehlu provlékněte dvěma menšími korálky, jedním velkým a dalšími dvěma menšími. Zbytek niti zakryjte skleněnými korálky a oba konce svažte uzlíkem.

Náramky z džungle

Potřebujete:
papírovou drť (viz strana 47; připravte poloviční množství), nůžky, slabý kartón, pravítko, průsvitnou lepenku, nůž, tužku, lepidlo, noviny, prázdnou sklenici, celofán, akrylové barvy.

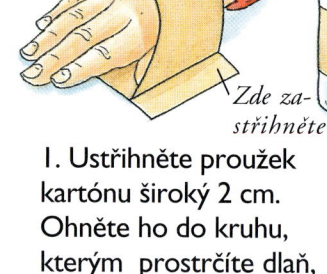

Zde zastřihněte

1. Ustřihněte proužek kartónu široký 2 cm. Ohněte ho do kruhu, kterým prostrčíte dlaň, a zbytek odstřihněte.

2. Tento kruh přilepte na sklenici podobné velikosti několika proužky lepenky tak, aby nespadl.

3. Promněte papírovou drť. Vyválejte ji do tvaru válce, který je užší než kartón.

4. Sklenici položte a jeden konec drti přimáčkněte na kartón. Zbytek namačkejte kolem sklenice.

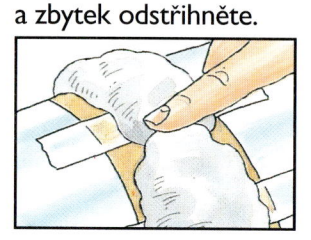

5. V místech, kde se konce spojí, drť odtrhněte a konce lehce vyhlaďte.

6. Jemně vtlačte drť k okrajům proužku kartónu. Vytvořte rovnoměrný, zakulacený tvar.

7. Nejméně den nechte uschnout na teplém, vzdušném místě. Pak odřízněte lepenku a náramek vyvlékněte.

8. Roztrhejte noviny na čtverečky o hraně 1,5 cm. Smíchejte stejné množství lepidla a vody.

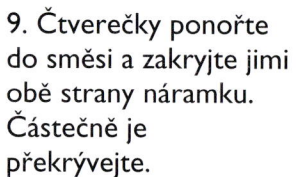

9. Čtverečky ponořte do směsi a zakryjte jimi obě strany náramku. Částečně je překrývejte.

10. Náramek polepte ve čtyřech vrstvách, aby se vytvořil hladký povrch. Nechte ho uschnout na celofánu a občas jej otočte.

11. Celý náramek natřete bílou podkladovou barvou a nechte ho uschnout na skobě nebo hřebíku. Pak jej ozdobně pomalujte.

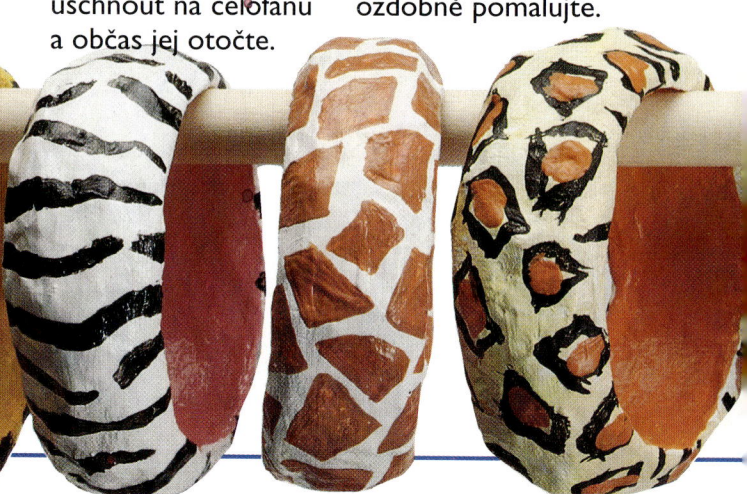

Nyní přelakujte.

Zdobení náramků

Zde je několik nápadů, jak ozdobit staré náramky. Ozdobit můžete i kupované náramky, které nejsou drahé.

Malování dřevěného náramku: Celý povrch obruste pískovým papírem, pak ho nabarvěte a přelakujte (viz kroky 10-11).

Malování umělohmotného náramku: Nalepte na něj dvě vrstvy roztrhaného papíru (viz kroky 8-9), namalujte a přelakujte podle kroků 10-11.

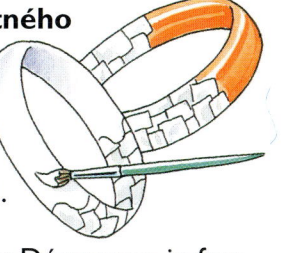

Náramky découpage: Découpage je francouzské slovo, které znamená vystřihování. Náramek nabarvěte. Z lesklého dárkového papíru vystřihněte malé tvary jako květiny nebo listy a přilepte je na náramek. Přetřete třemi vrstvami laku (viz rámeček).

Lesklý náramek: Vezměte si jakýkoli náramek. Na celofán namalujte barevné skvrny. Nechte je uschnout a celofán pak nastříhejte na 1,5 cm proužky. Jeden konec proužku přilepte na náramek, omotejte ho a na konci opět přilepte. Proužky omotávejte kolem náramku a částečně je překrývejte, dokud ho celý nezakryjete. Náramek přelepte krátkými kousky průsvitné lepenky a vyleštěte ho jemným hadříkem.

Lakování

Smíchejte dvě lžíce lepidla s jednou lžící vody. Štětcem náramek touto směsí přelakujte. Po zaschnutí opakujte.

Směs lepidla a vody je bílá, ale po zaschnutí zprůsvitní.

Lístky a rybičky

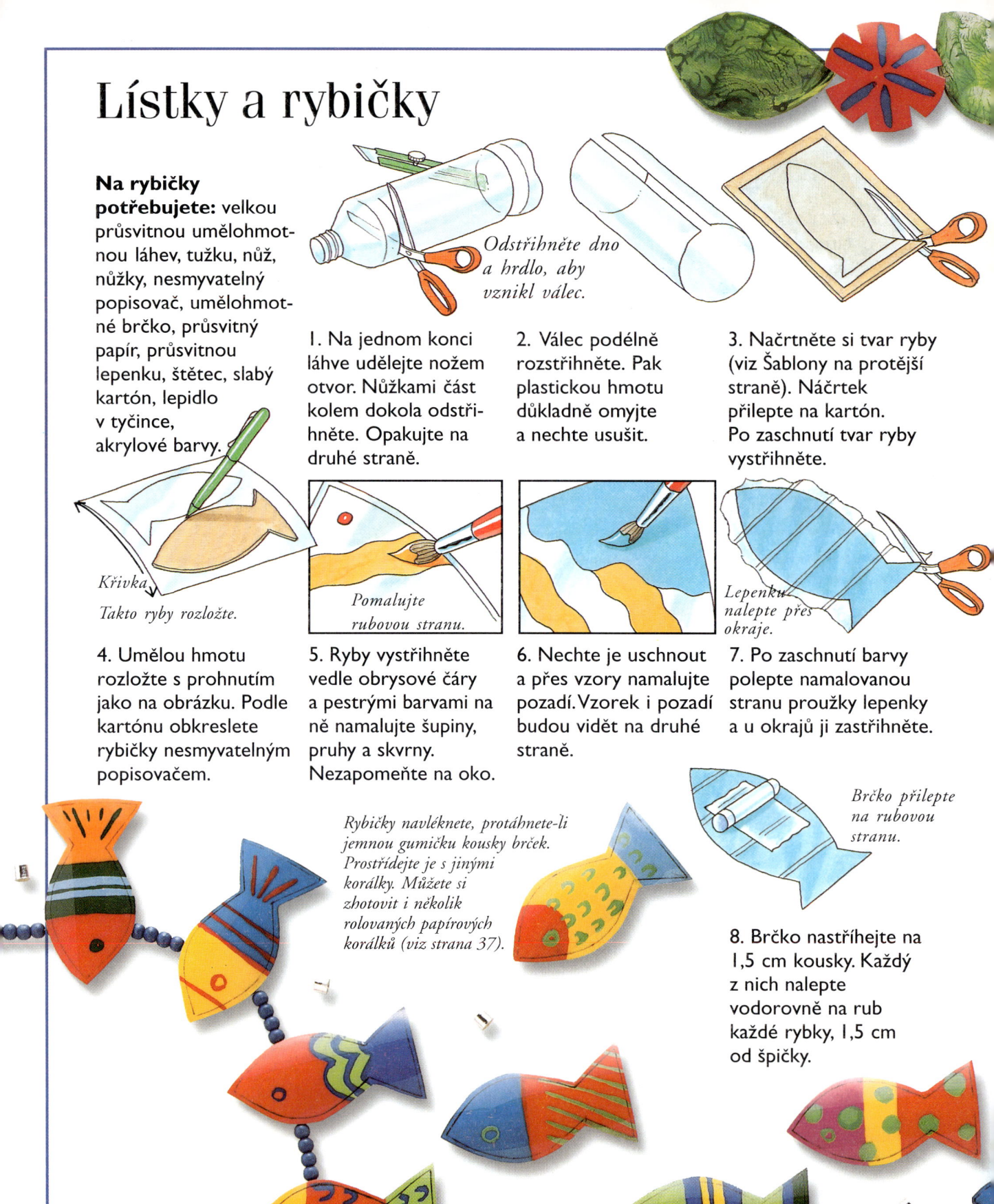

Na rybičky potřebujete: velkou průsvitnou umělohmotnou láhev, tužku, nůž, nůžky, nesmyvatelný popisovač, umělohmotné brčko, průsvitný papír, průsvitnou lepenku, štětec, slabý kartón, lepidlo v tyčince, akrylové barvy.

Odstřihněte dno a hrdlo, aby vznikl válec.

1. Na jednom konci láhve udělejte nožem otvor. Nůžkami část kolem dokola odstřihněte. Opakujte na druhé straně.

2. Válec podélně rozstřihněte. Pak plastickou hmotu důkladně omyjte a nechte usušit.

3. Načrtněte si tvar ryby (viz Šablony na protější straně). Náčrtek přilepte na kartón. Po zaschnutí tvar ryby vystřihněte.

Křivka

Takto ryby rozložte.

Pomalujte rubovou stranu.

Lepenku nalepte přes okraje.

4. Umělou hmotu rozložte s prohnutím jako na obrázku. Podle kartónu obkreslete rybičky nesmyvatelným popisovačem.

5. Ryby vystřihněte vedle obrysové čáry a pestrými barvami na ně namalujte šupiny, pruhy a skvrny. Nezapomeňte na oko.

6. Nechte je uschnout a přes vzory namalujte pozadí. Vzorek i pozadí budou vidět na druhé straně.

7. Po zaschnutí barvy polepte namalovanou stranu proužky lepenky a u okrajů ji zastřihněte.

Brčko přilepte na rubovou stranu.

Rybičky navléknete, protáhnete-li jemnou gumičku kousky brček. Prostřídejte je s jinými korálky. Můžete si zhotovit i několik rolovaných papírových korálků (viz strana 37).

8. Brčko nastříhejte na 1,5 cm kousky. Každý z nich nalepte vodorovně na rub každé rybky, 1,5 cm od špičky.

Žilkované lístky

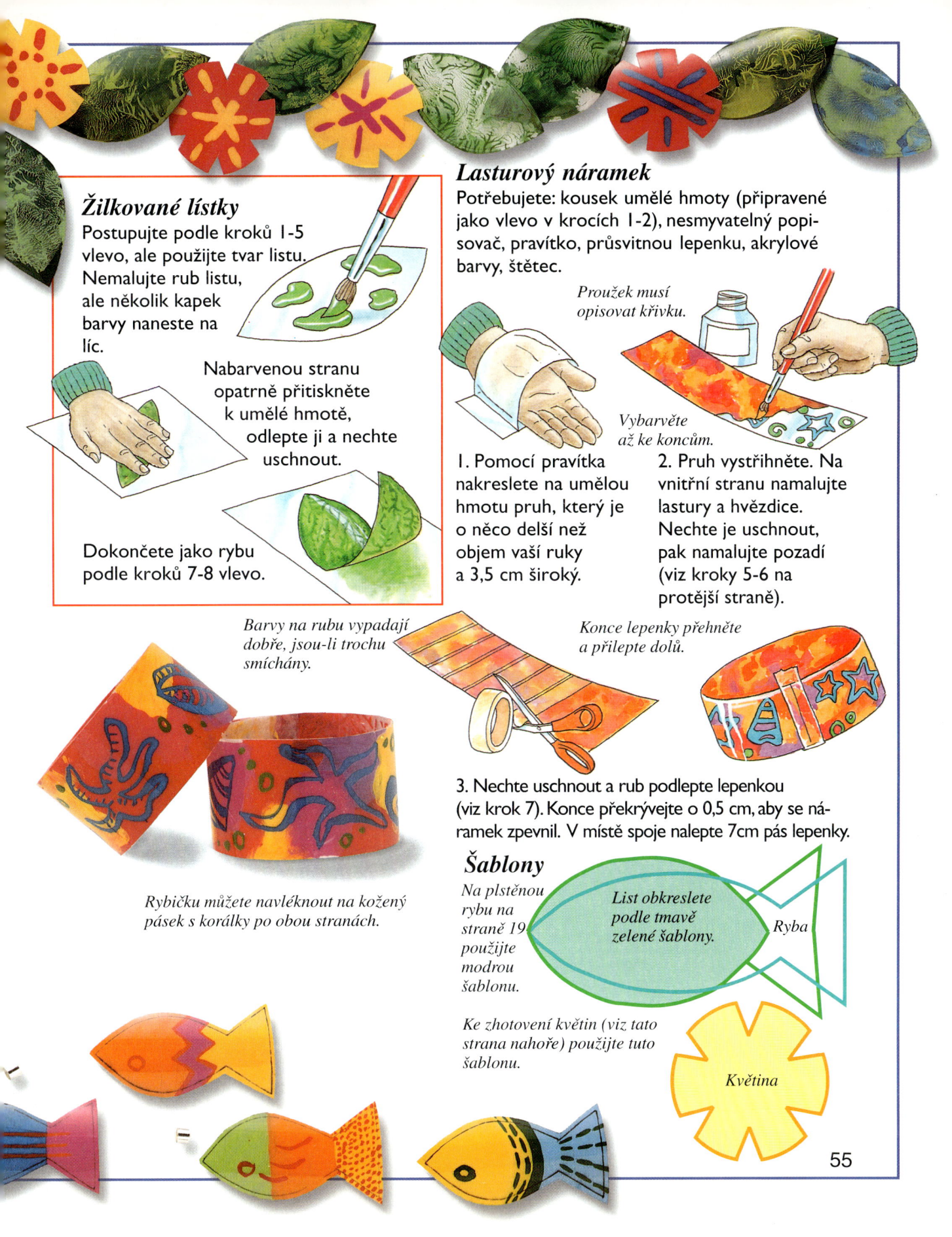

Postupujte podle kroků 1-5 vlevo, ale použijte tvar listu. Nemalujte rub listu, ale několik kapek barvy naneste na líc.

Nabarvenou stranu opatrně přitiskněte k umělé hmotě, odlepte ji a nechte uschnout.

Dokončete jako rybu podle kroků 7-8 vlevo.

Lasturový náramek

Potřebujete: kousek umělé hmoty (připravené jako vlevo v krocích 1-2), nesmyvatelný popisovač, pravítko, průsvitnou lepenku, akrylové barvy, štětec.

Proužek musí opisovat křivku.

Vybarvěte až ke koncům.

1. Pomocí pravítka nakreslete na umělou hmotu pruh, který je o něco delší než objem vaší ruky a 3,5 cm široký.

2. Pruh vystřihněte. Na vnitřní stranu namalujte lastury a hvězdice. Nechte je uschnout, pak namalujte pozadí (viz kroky 5-6 na protější straně).

Barvy na rubu vypadají dobře, jsou-li trochu smíchány.

Konce lepenky přehněte a přilepte dolů.

3. Nechte uschnout a rub podlepte lepenkou (viz krok 7). Konce překrývejte o 0,5 cm, aby se náramek zpevnil. V místě spoje nalepte 7cm pás lepenky.

Rybičku můžete navléknout na kožený pásek s korálky po obou stranách.

Šablony

Na plstěnou rybu na straně 19 použijte modrou šablonu.

List obkreslete podle tmavě zelené šablony.

Ryba

Ke zhotovení květin (viz tato strana nahoře) použijte tuto šablonu.

Květina

Šperky s drátem

Na náramek potřebujete: barevné pozlátko, alobal, staré nůžky, párátko, asi 45 cm květinářského drátu (nebo slabého mosazného nebo měděného drátu), několik malých skleněných korálků nebo asi 15 malých papírových korálků (viz strana 36).

Pevně omotejte.

1. Zmačkaný alobal zabalte do pozlátka. Vytvarujte ho tak, aby byl dlouhý a zakulacený. Na jedné straně ho zploštěte.

2. Drát lehce natáhněte kolem kliky a narovnejte ho. Do jeho středu vložte alobal jako na obrázku.

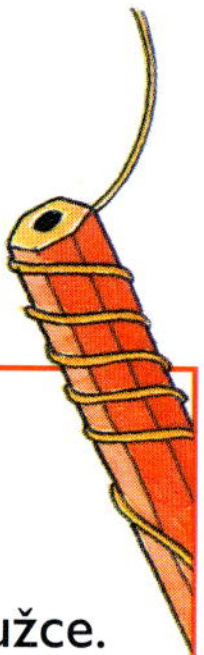

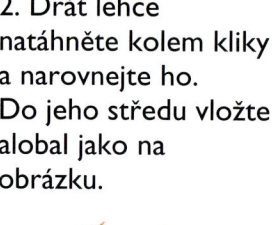

Smyčky viz rámeček vpravo.

Smyčky

Drát pevně přitiskněte k tužce. Pětkrát nebo šestkrát omotejte volný konec kolem tužky. Zbytek drátu narovnejte podle tužky. Smyčky vyvlékněte. Abyste dosáhli vlnek, smyčku lehce roztáhněte.

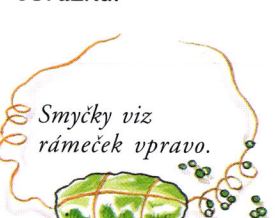

3. Uchopte drát a alobal natočte tak, aby se konce drátu spojily a zkroutily. Jeden konec omotejte kolem alobalu jako na obrázku.

4. Na druhém konci alobalu ho provlékněte pod střední drát a zatáhněte. Tato ozdoba vyznačuje střed náramku.

5. Oba konce drátu stočte, smyčky lehce natáhněte a přidejte několik skleněných korálků. Na konci drát upevněte (viz níže).

Závěry z drátu

Potřebujete: umělohmotné brčko, staré nůžky, tupý nůž, kleště. Jakmile má náramek správnou délku, přidejte na obou koncích 6 cm a zastřihněte ho.

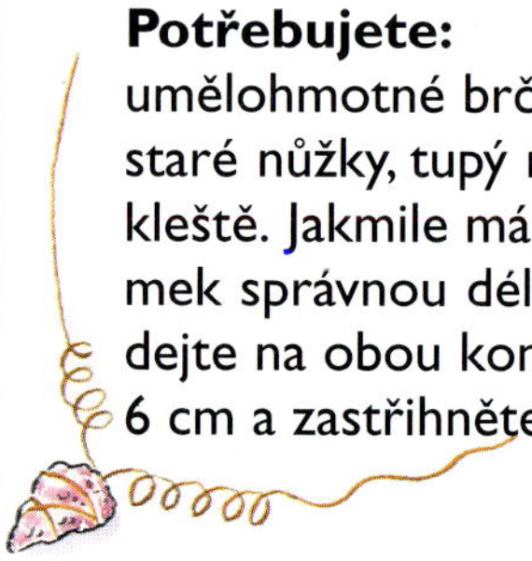

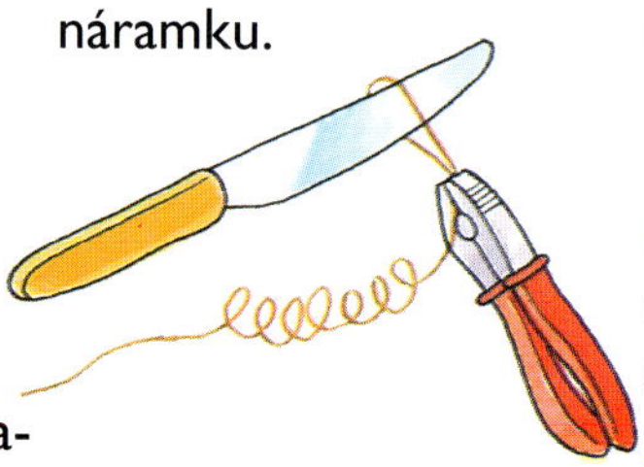

Háček: Drát ohněte 4 cm od konce přes čepel nože. Dráty uchopte do kleští a několikrát otočte nožem, až se kleští dotkne. Drát stáhněte z nože. Volný konec zastřihněte a kleštěmi ho přitiskněte k drátu.

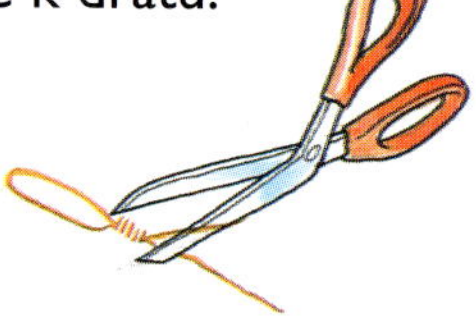

Nakonec háček ohněte přes brčko a lehce ho přimáčkněte dovnitř.

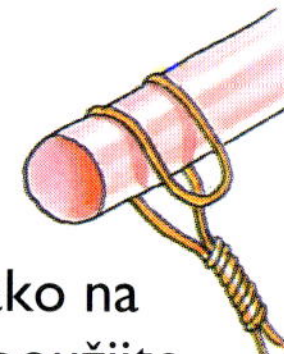

Smyčka: Zhotovte ji jako na straně 6, ale použijte jedno párátko.

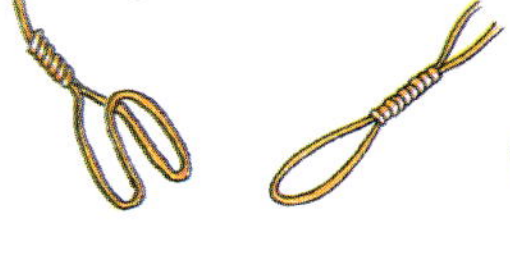

56

Náhrdelník se šperkem

Potřebujete: vrchovatou lžíci krystalků mořské soli, potravinové barvivo, lepidlo, párátko, kalíšek na vejce, celofán, 150 cm květinářského drátu, několik papírových korálků (viz strana 38), malé skleněné korálky.

Chcete-li drahokamy bílé, vynechte barvivo.

Směs ihned zgelovatí.

1. V kalíšku na vejce smíchejte sůl s trochou potravinového barviva. Přidejte lžičku lepidla a dobře promíchejte.

2. Jakmile směs zgelovatí, zabalte ji do celofánu a přibližně vytvarujte do pyramidy.

3. Tuto ozdobu nechte 12 hodin schnout na suchém místě. Přelakujte ji vrstvou lepidla a nechte uschnout.

4. Drát lehce natáhněte kolem kliky a narovnejte ho. Oba konce držte u sebe.

5. Do jeho středu vložte šperk. V zadní části oba konce drátu těsně stočte.

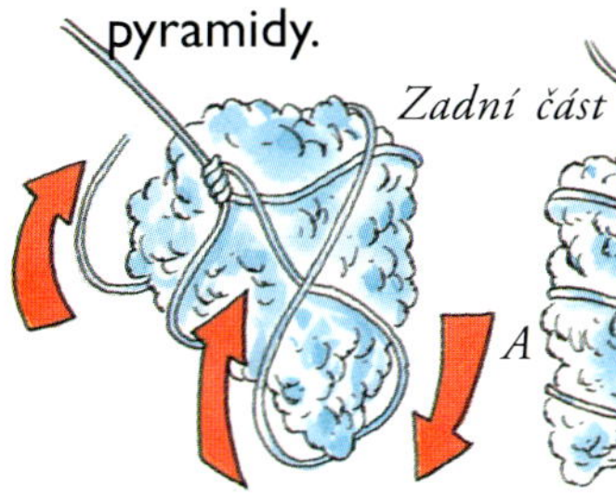

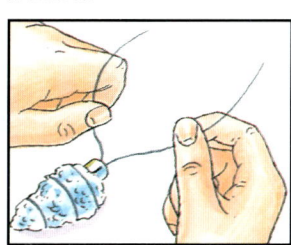

Zadní část šperku je nejplošší. Dolů směřuje špičatý konec.

Zadní část
Přední část
A

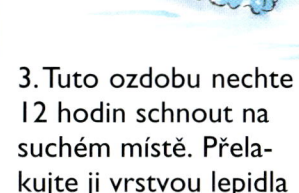

6. Jeden konec drátu omotejte směrem dolů a dvakrát nebo třikrát zpět nahoru.

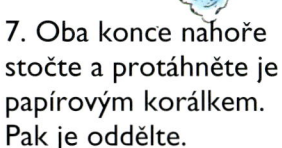

7. Oba konce nahoře stočte a protáhněte je papírovým korálkem. Pak je oddělte.

8. Obě části lehce vytáhněte pomocí prstů do zakřiveného tvaru náhrdelníku.

9. Na oba konce navlékněte korálky, utvořte smyčky (viz rámeček) a přidejte další korálky.

Zakončete závěrem z drátu (viz strana 24).

Barevné náramky

Tyto náramky jsou zhotoveny z odstřižků slabých látek (hodí se i staré šátky nebo kravaty). Nemáte-li je, kupte kousek jednobarevné nebo vzorované hedvábné látky, bavlny nebo šifónu. Střídejte různé materiály nebo použijte jen jeden druh.

Co potřebujete: odstřižky látek, bavlnky na vyšívání, vatelín (vycpávku z galantérie), karton, nůžky, pravítko, tužku, jehlu, nit, špendlíky, lepidlo v tyčince, průsvitnou lepenku, dvě kancelářské sponky.

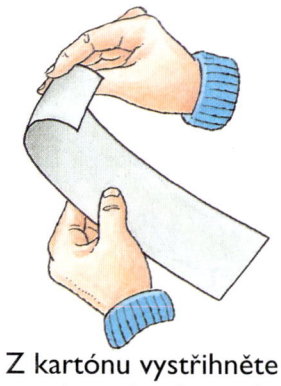

1. Z kartónu vystřihněte proužek široký 4 cm. Opatrně ho prohněte.

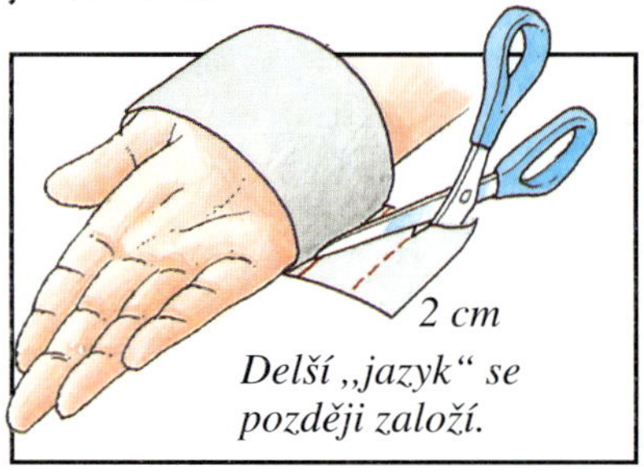

2 cm
Delší „jazyk" se později založí.

Rub náramku (vycpaná strana)

Upravte velikost vycpávky.
Jazyk

2. Pruh ohněte do kruhu, který vám projde přes zápěstí. Vyznačte si konec, přidejte 2 cm a zbytek odstřihněte.

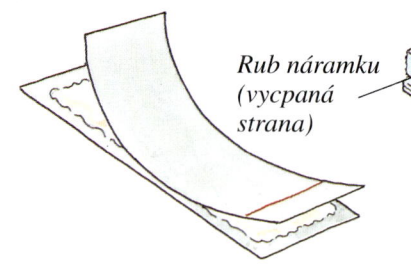

3. Podle tohoto pruhu vystřihněte druhý pruh a slepte je k sobě.

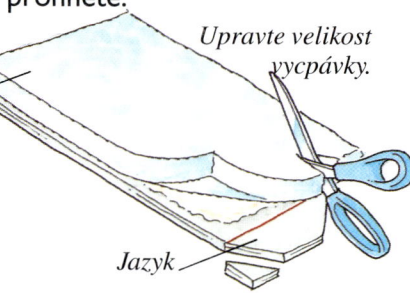

4. Rohy jazyka odstřihněte. Pruh potřete lepidlem a položte na něj vycpávku těsně k jazyku.

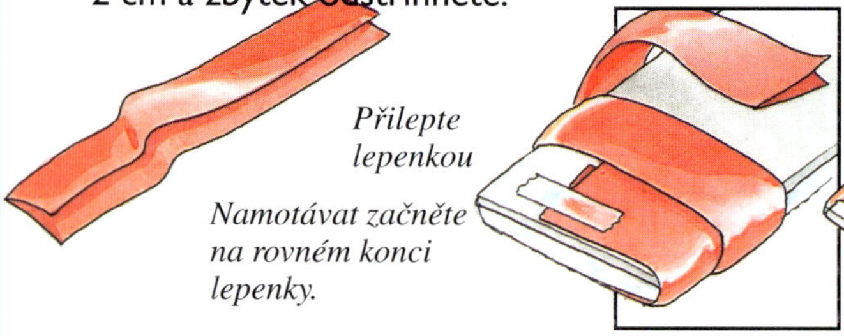

Přilepte lepenkou
Namotávat začněte na rovném konci lepenky.

Složený okraj

Vycpanou stranu pečlivě omotávejte.

5. Ustřihněte si 3 až 5 cm široký proužek látky. Pečlivě ho přeložte na polovinu.

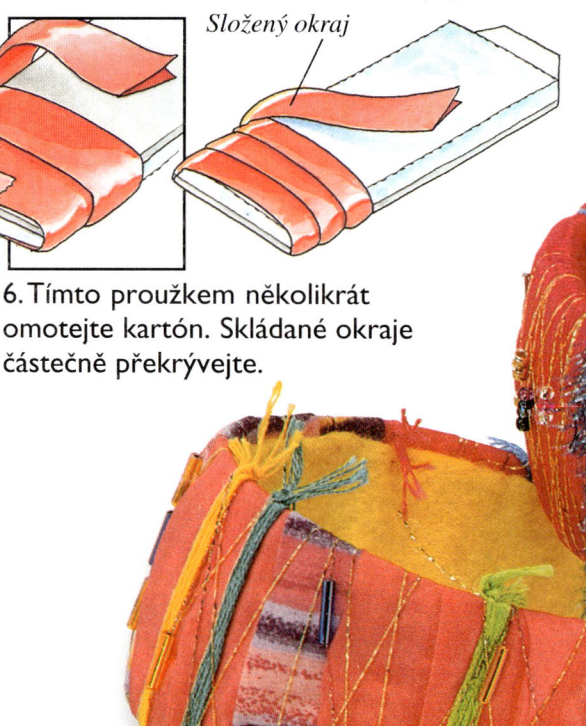

6. Tímto proužkem několikrát omotejte kartón. Skládané okraje částečně překrývejte.

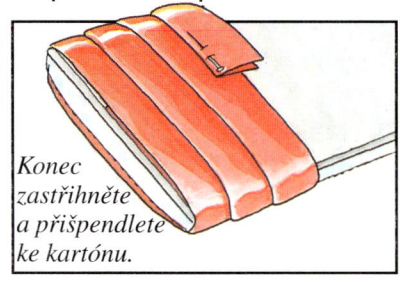

Konec zastřihněte a přišpendlete ke kartónu.

7. Konec látky zastřihněte a pevně přišpendlete ke spodní látce.

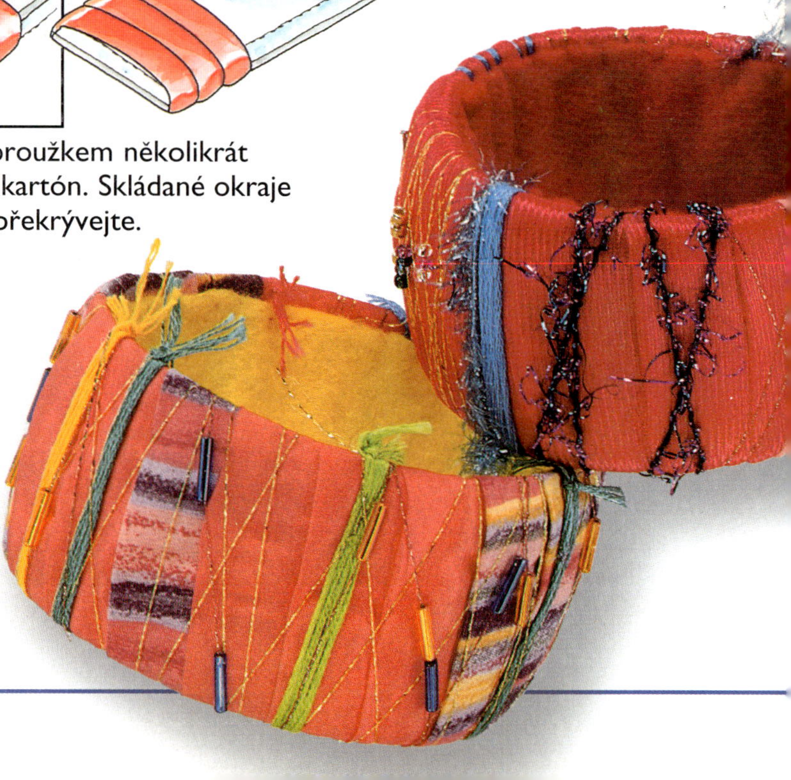

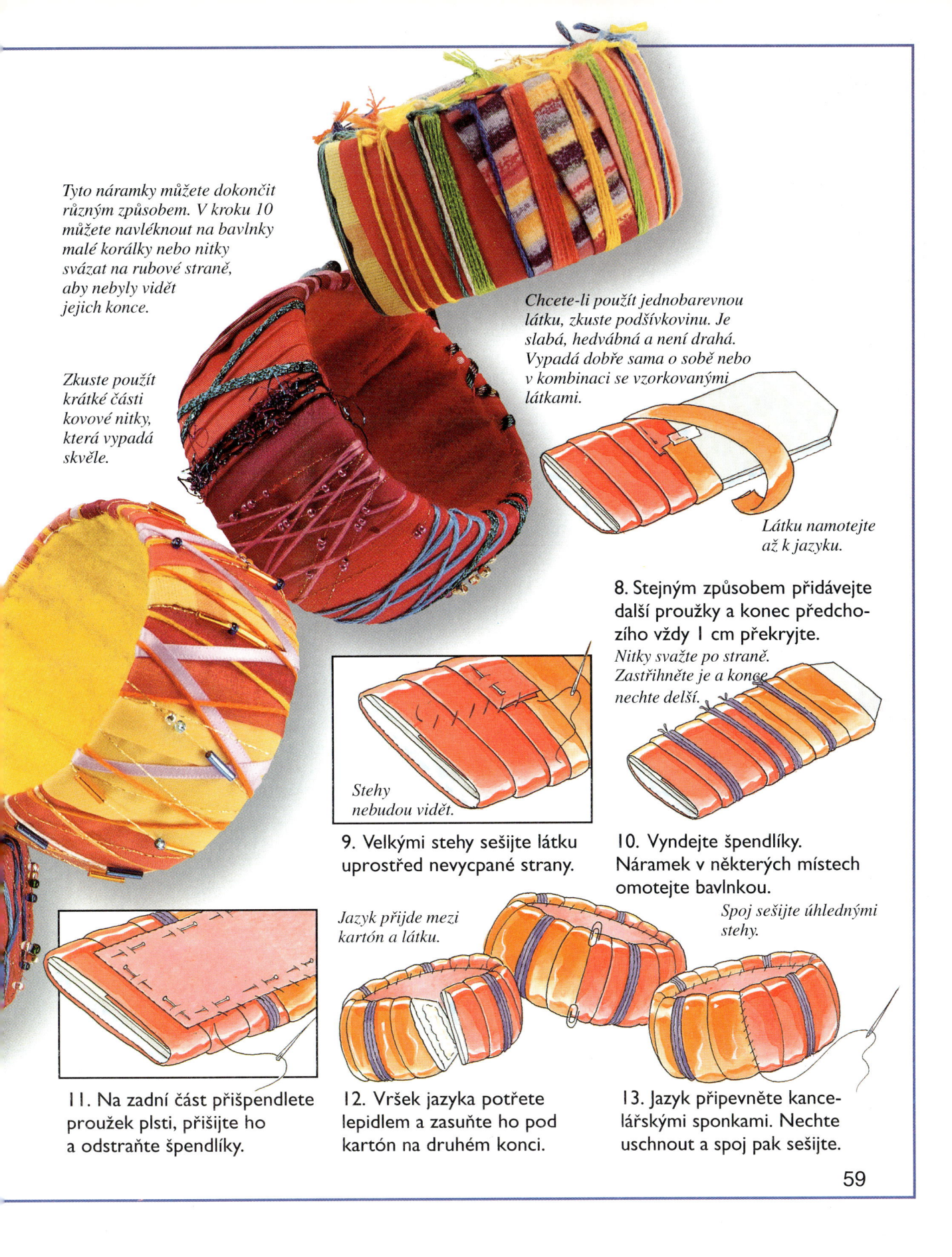

Tyto náramky můžete dokončit různým způsobem. V kroku 10 můžete navléknout na bavlnky malé korálky nebo nitky svázat na rubové straně, aby nebyly vidět jejich konce.

Zkuste použít krátké části kovové nitky, která vypadá skvěle.

Chcete-li použít jednobarevnou látku, zkuste podšívkovinu. Je slabá, hedvábná a není drahá. Vypadá dobře sama o sobě nebo v kombinaci se vzorkovanými látkami.

Látku namotejte až k jazyku.

8. Stejným způsobem přidávejte další proužky a konec předchozího vždy 1 cm překryjte.

Nitky svažte po straně. Zastřihněte je a konce nechte delší.

Stehy nebudou vidět.

9. Velkými stehy sešijte látku uprostřed nevycpané strany.

10. Vyndejte špendlíky. Náramek v některých místech omotejte bavlnkou.

Jazyk přijde mezi kartón a látku.

Spoj sešijte úhlednými stehy.

11. Na zadní část přišpendlete proužek plsti, přišijte ho a odstraňte špendlíky.

12. Vršek jazyka potřete lepidlem a zasuňte ho pod kartón na druhém konci.

13. Jazyk připevněte kancelářskými sponkami. Nechte uschnout a spoj pak sešijte.

Skleněné korálky

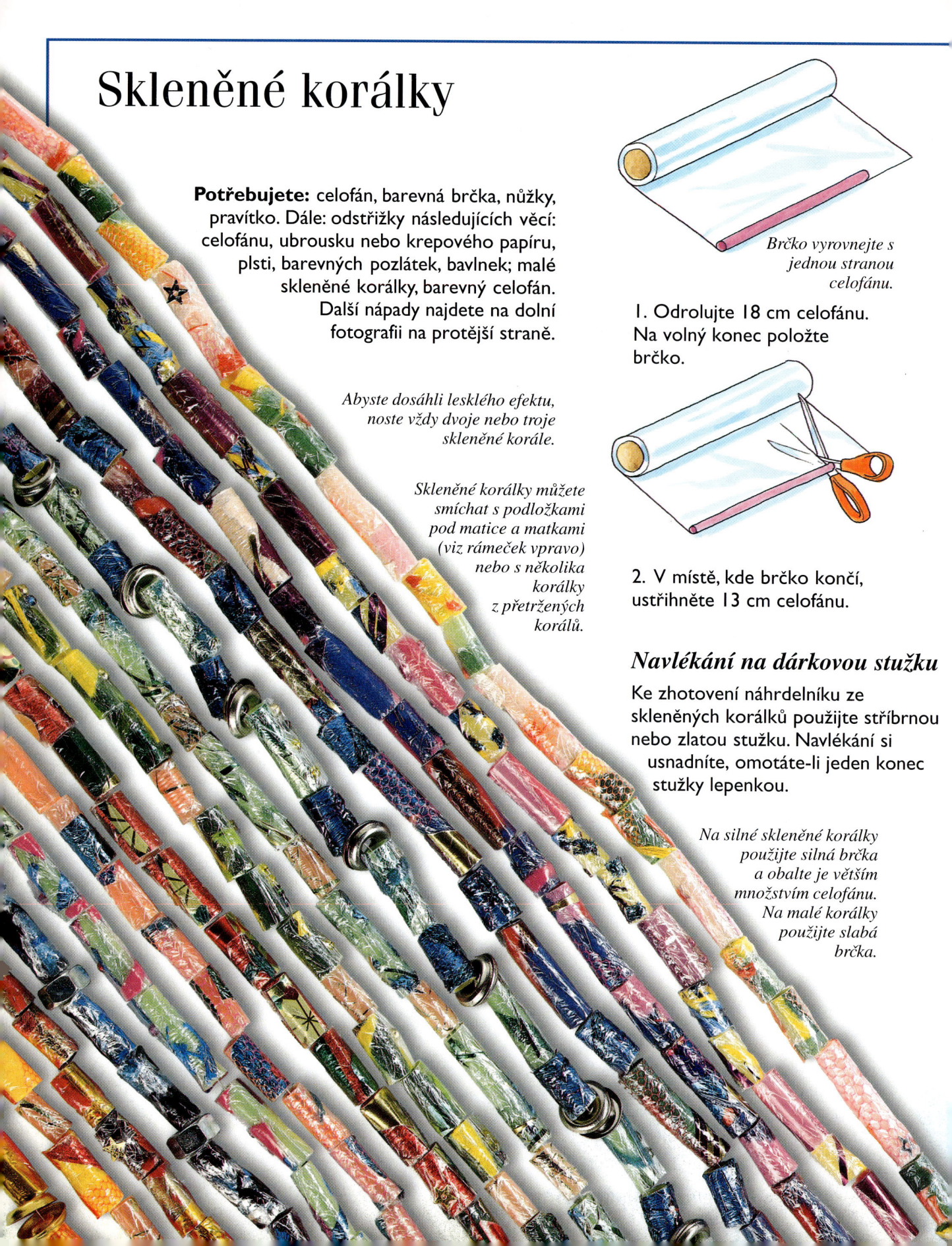

Potřebujete: celofán, barevná brčka, nůžky, pravítko. Dále: odstřižky následujících věcí: celofánu, ubrousku nebo krepového papíru, plsti, barevných pozlátek, bavlnek; malé skleněné korálky, barevný celofán. Další nápady najdete na dolní fotografii na protější straně.

Abyste dosáhli lesklého efektu, noste vždy dvoje nebo troje skleněné korále.

Skleněné korálky můžete smíchat s podložkami pod matice a matkami (viz rámeček vpravo) nebo s několika korálky z přetržených korálů.

Brčko vyrovnejte s jednou stranou celofánu.

1. Odrolujte 18 cm celofánu. Na volný konec položte brčko.

2. V místě, kde brčko končí, ustřihněte 13 cm celofánu.

Navlékání na dárkovou stužku

Ke zhotovení náhrdelníku ze skleněných korálků použijte stříbrnou nebo zlatou stužku. Navlékání si usnadníte, omotáte-li jeden konec stužky lepenkou.

Na silné skleněné korálky použijte silná brčka a obalte je větším množstvím celofánu. Na malé korálky použijte slabá brčka.

Nahoře nechte volný pruh.

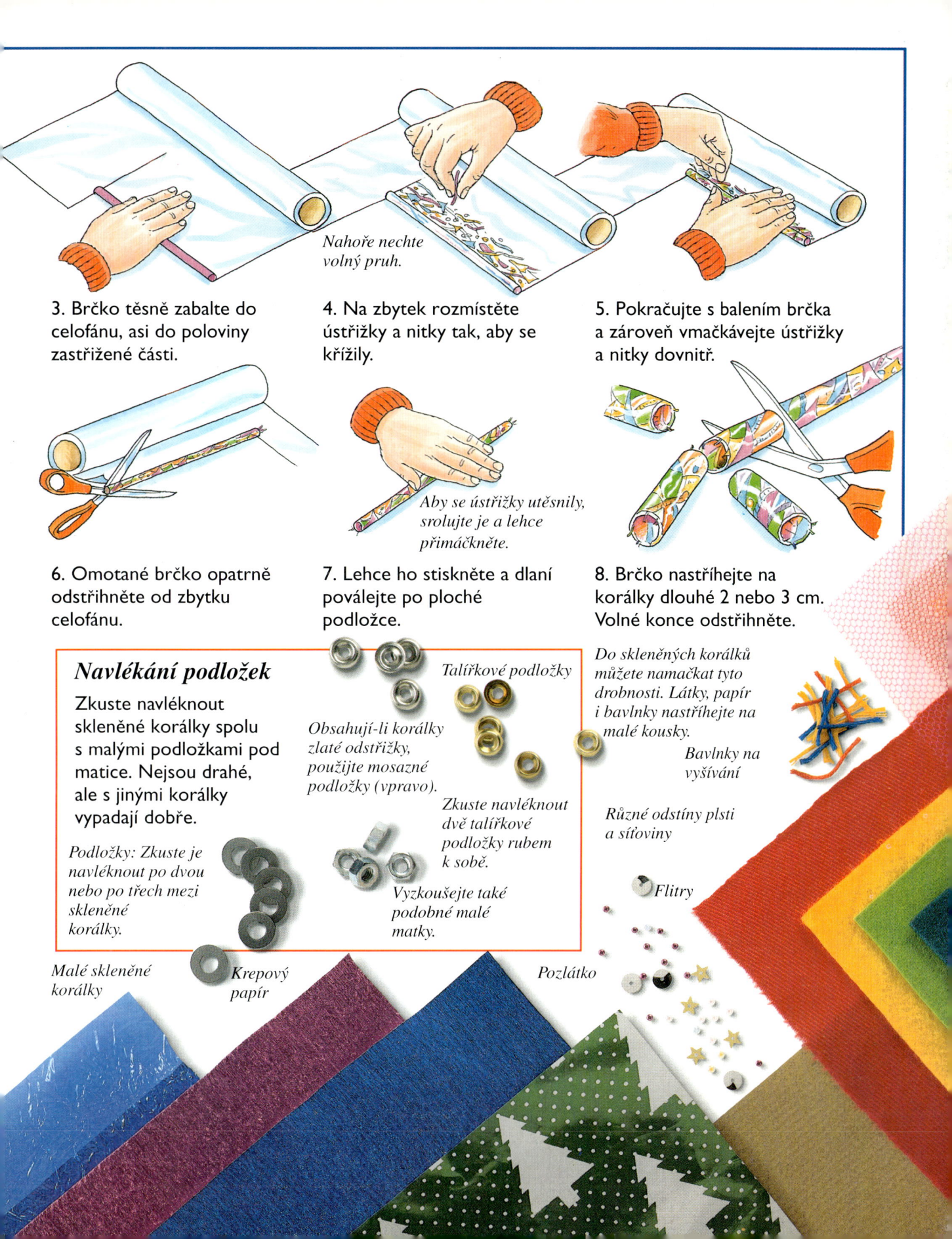

3. Brčko těsně zabalte do celofánu, asi do poloviny zastřižené části.

4. Na zbytek rozmístěte ústřižky a nitky tak, aby se křížily.

5. Pokračujte s balením brčka a zároveň vmačkávejte ústřižky a nitky dovnitř.

Aby se ústřižky utěsnily, srolujte je a lehce přimáčkněte.

6. Omotané brčko opatrně odstřihněte od zbytku celofánu.

7. Lehce ho stiskněte a dlaní poválejte po ploché podložce.

8. Brčko nastříhejte na korálky dlouhé 2 nebo 3 cm. Volné konce odstřihněte.

Do skleněných korálků můžete namáčkat tyto drobnosti. Látky, papír i bavlnky nastříhejte na malé kousky.

Bavlnky na vyšívání

Různé odstíny plsti a síťoviny

Flitry

Navlékání podložek

Zkuste navléknout skleněné korálky spolu s malými podložkami pod matice. Nejsou drahé, ale s jinými korálky vypadají dobře.

Talířkové podložky

Obsahují-li korálky zlaté odstřižky, použijte mosazné podložky (vpravo).

Zkuste navléknout dvě talířkové podložky rubem k sobě.

Podložky: Zkuste je navléknout po dvou nebo po třech mezi skleněné korálky.

Vyzkoušejte také podobné malé matky.

Malé skleněné korálky

Krepový papír

Pozlátko

Hedvábné náramky

Na hedvábný náramek potřebujete: umělohmotnou trubičku dlouhou asi 25 cm, šest nitek vyšívacího hedvábí, průsvitnou lepenku, nůž, nůžky, jehlu s velkým uchem.

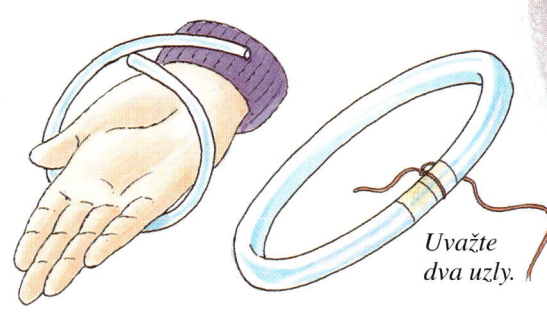

Tento náramek je vyroben podobně jako lesklý náramek (viz vpravo dole), ale je vyplněn malými skleněnými korálky.

Uvažte dva uzly.

1. Ustřihněte trubičku v takové délce, aby vám prošla přes zápěstí.

2. Oba konce slepte lepenkou. Napravo od spoje uvažte nit.

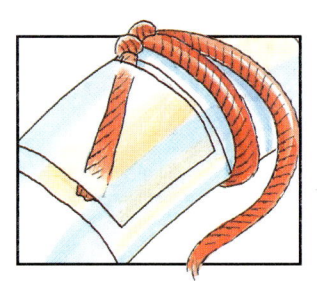

Uzlík utáhněte vedle prvního uzlíku.

3. Jeden konec zkraťte na 2 cm a přilepte ho jako na obrázku.

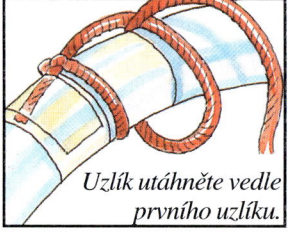

4. Delší konec omotejte kolem trubičky, provlékněte ho a udělejte uzlík.

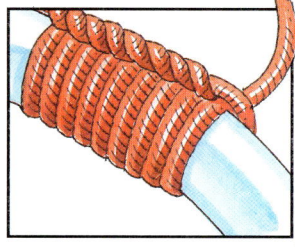

5. Tímto způsobem vytvořte množství uzlíků.

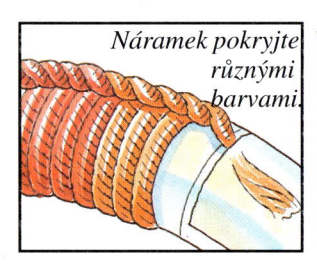

Náramek pokryjte různými barvami.

6. Konec nitě zastřihněte a přilepte. Nyní začněte s novou nití podle kroků 3-5.

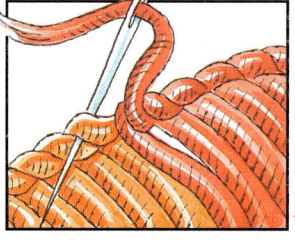

7. Nakonec navlékněte volný konec na jehlu, provlékněte ji prvním uzlíkem a konec zastřihněte.

Na tuto kovovou niť je navlečeno pro větší zajímavost několik hliněných (strana 6) a skleněných korálků.

Náramek ze semínek (trubičku naplňte semínky, například mákem a sezamem).

Náramek s třásněmi

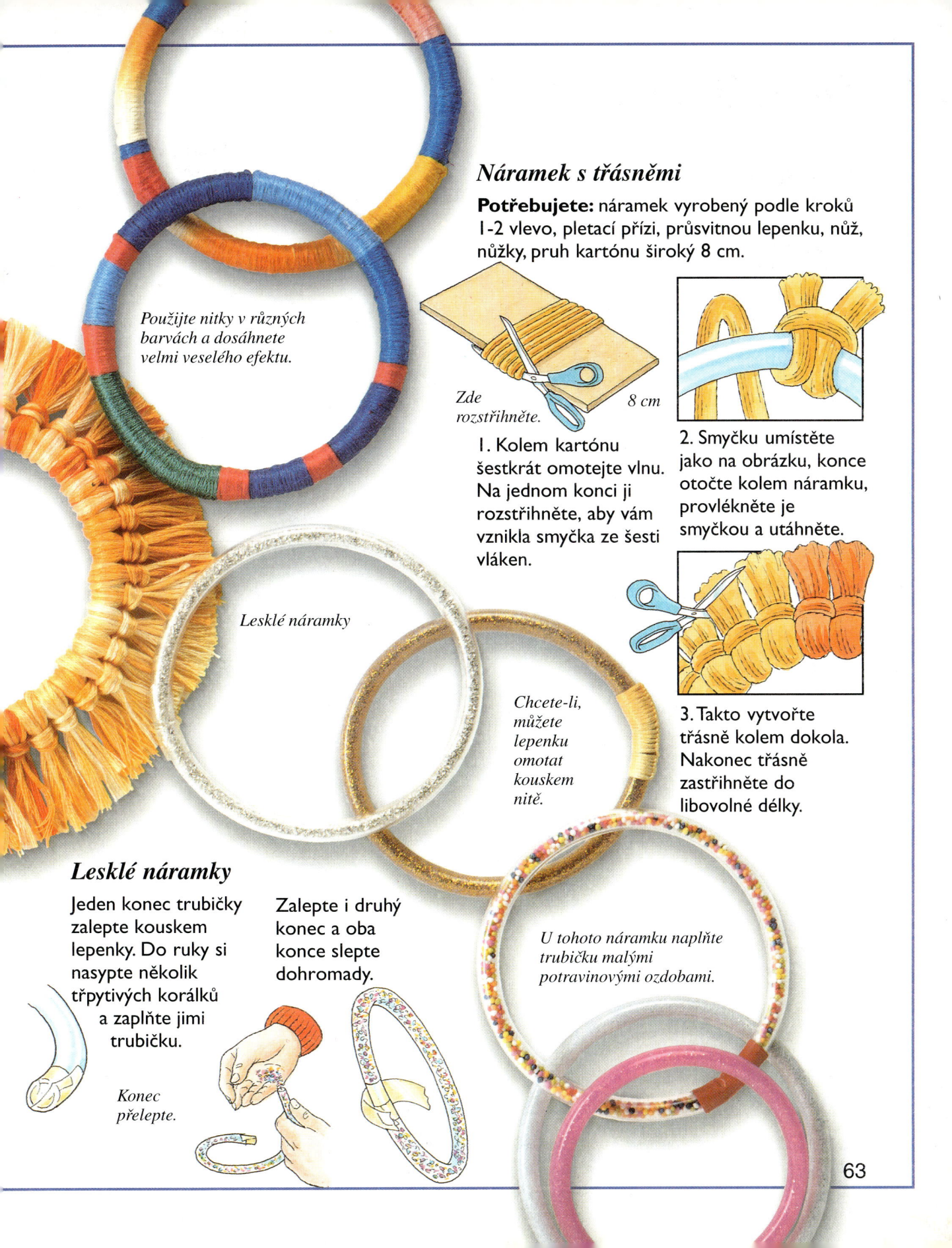

Potřebujete: náramek vyrobený podle kroků 1-2 vlevo, pletací přízi, průsvitnou lepenku, nůž, nůžky, pruh kartónu široký 8 cm.

Použijte nitky v různých barvách a dosáhnete velmi veselého efektu.

Zde rozstřihněte.   *8 cm*

1. Kolem kartónu šestkrát omotejte vlnu. Na jednom konci ji rozstřihněte, aby vám vznikla smyčka ze šesti vláken.

2. Smyčku umístěte jako na obrázku, konce otočte kolem náramku, provlékněte je smyčkou a utáhněte.

3. Takto vytvořte třásně kolem dokola. Nakonec třásně zastřihněte do libovolné délky.

Lesklé náramky

Chcete-li, můžete lepenku omotat kouskem nitě.

Lesklé náramky

Jeden konec trubičky zalepte kouskem lepenky. Do ruky si nasypte několik třpytivých korálků a zaplňte jimi trubičku.

Konec přelepte.

Zalepte i druhý konec a oba konce slepte dohromady.

U tohoto náramku naplňte trubičku malými potravinovými ozdobami.

Náušnice a brože

Zde je několik nápaditých náušnic a broží, vycházejících z předchozích kapitol této knihy.

Ke korálkům se smyčkou jednoduše připevněte příchytku k náušnici.

Korálkové náušnice

Použijte postříbřený drát.

1. Ustřihněte kousek drátu stejně dlouhý jako korálek. Přehněte ho na polovinu.

Lepidlo nanášejte párátkem.

2. Horní plochu korálku potřete trochou lepidla.

Nechte uschnout.

3. Smyčku protáhněte příchytkou k náušnici (strana 3).

4. Oba konce drátu lehce přitlačte ke konci korálku s lepidlem.

Náušnice z rostlinných korálků (strana 9)

Náušnice ze skleněných korálků (strana 28)

Papírové náušnice (strana 4)

Na tuto brož použijte papírové korálky (viz strana 4) nebo zkuste rolované korálky z plsti (strana 18). Před nalepením korálků namalujte podklad nebo ho zakryjte hezkým papírem.

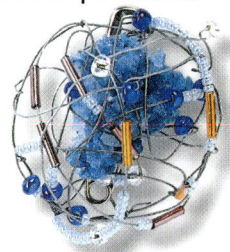

Náušnice s ozdobou: vyrobte si ozdoby (strana 25), dráty provlékněte korálky, příchytkami a stejným způsobem nazpátek. Nakonec dráty stočte a konce zastřihněte.

Brože

Korálky přilepte k malému kousku kartónu. Zadní část brože (viz strana 3) přilepte k druhé straně tohoto podkladu.

Tento šperk (strana 25) je omotán drátem nejdříve těsně, pak volně s několika navlečenými korálky. Několika dráty vzadu provlékněte spínací špendlík, kterým si ozdobu připevníte.

Látkové brože

Zhotovte si srdce z plsti (strana 18) a dole k němu přišijte další malé srdce. Dozadu přišijte zadní část brože (viz strana 3) nebo spínací špendlík, který dobře přichytí jakýkoli druh látkové brože.

Malé srdce se skládá ze dvou sešitých vrstev plsti. Na srdce našijte malé skleněné korálky.

Vydalo nakladatelství VÁCLAV SVOJTKA & Co., Vítkova 8, 186 21 Praha 8 v roce 1998
z anglického vydání „Plaiting and Braiding, Beads and Bangles and Bracelets" Copyright © 1995 by Usborne Publishing Ltd, London
Dotisk prvního českého vydání
Translation © Markéta Řapková, 1998
Czech edition © by Václav Svojtka & Co., 1998
ISBN 80-7237-026-X

149,-